知的生きかた文庫

子どもの頭は「作文力」で決まる!

宮川俊彦

三笠書房

子どもが「魅力ある自分」を見つける。
――それが作文というものの「力」であり、「目的」です。

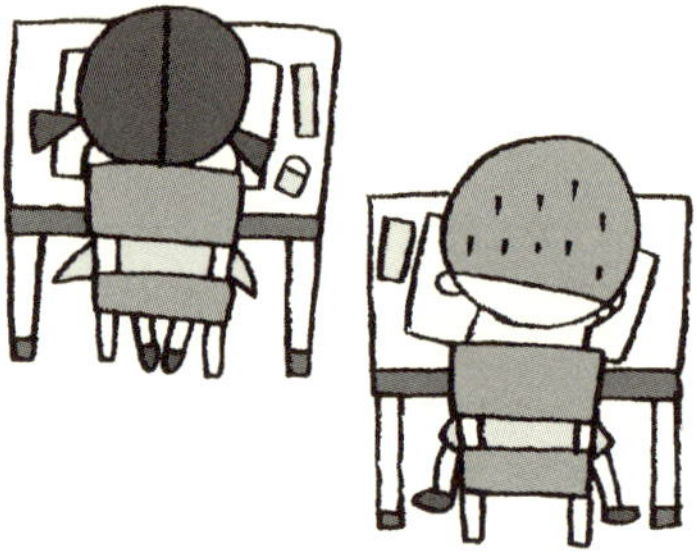

はじめに

本書は子どもへの「最高のプレゼント」！

本書を手にしたお父さん、お母さんは、非常に意識の高い方です。

作文の重要性に気づいている――それだけでも、子どもをより良く育てるうえで**「ほかの家庭より一歩先んじている」**と申し上げて過言ではないからです。

作文力は、すべての学力のベースとなるもの。

さらに作文力は、人生の成功を手に入れる力となるもの、だからです。

作文力を磨くことで、子どもの成績がグングン良くなるばかりではありません。社会で**「自分の能力を発揮できる」「人から必要とされ、評価される」**――そういった「幸せな人生」を送ることができるのです。

なぜ作文には、それほどの力があるのでしょうか？

それは、作文力とは**「言葉の力」**だからです。

人生は、言葉で成り立っています。ものを考えるのも、人とコミュニケーションするのも、すべて言葉。「言葉の力」は、生きていくうえで大きな武器になります。

その「言葉の力」を育てるのが、作文なのです。

実際、作文のうまい子ほど、たくさんの言葉を知っています。

たとえば「恥ずかしい」という言葉しか知らない子は、みんなの前で先生にほめられたときの、うれしいような、恥ずかしいような、困ったようなあの微妙な気持ちを「恥ずかしい」としか表現することができません。

もし「はにかむ」「照れる」「居心地が悪い」などという言葉を知っていれば、その子は**自分の心、さらには自分の夢を、もっと正確に表現できる**はずです。

では、こうした「言葉の力」を磨くにはどうしたら良いのでしょうか。

私が教えている作文メソッドには、次のようなものがあります。

①「楽しかった」でなく「なぜ楽しかった」を必ず書く

②「なぜ?」で始めたら「だから」で締めくくる

③「何があったか」でなく「何を見たか」を書く

くわしくは本文でお話しするとして、たとえば①。「言葉の力」の弱い子ほど「楽しかったこと」を「楽しかった」という単純な言葉でまとめてしまいがちです。

しかし、「言葉の力」が強い子は、「楽しかった」と書く代わりに「笑いが止まらなかった」「今も胸がドキドキしている」など、場面や感覚を表わすことで「楽しかったこと」を伝えようとします。そのほうが相手により強く、より正確に、よりリアルに伝えることができるからです。

すでに触れたように、人生は言葉で成り立っています。だから、自分をじょうずに表現できる子は――能力を存分に発揮し、人から認められる――つまり、じょうずに生きることができるのです。

ここまで読むと「作文より、まずは勉強。算数や国語、英語の成績を上げることのほうが大切」という意見が空々しく思えてくるはずです。

そうです。作文力こそ、子どもをより良く育てるうえで一番、大切なことなのです。

作文力をつけさえすれば、**もう「勉強しなさい」などと言う必要はありません**。

子どもにより良い人生を、と願う親御さんにとって、本書がお子さんへの最高のプレゼントとなることを願っています。

宮川俊彦

『子どもの頭は「作文力」で決まる！』●もくじ

2章　書く力──「子どもの頭」を鍛える一番いい方法

頭のいい親の「ひと言」「話し方」

3章　ほかの言葉に言い換える――頭がいい子の習慣

「表現の幅」を広げると「人間の幅」もグンと広がる！

4章　語彙力――「言葉の数」はそのまま「夢の数」だ！

親が子どもに教える「感性・センスの磨き方」

5章 「人の心をつかむ習慣」が子どもをグンと成長させる!
「じょうずに書く力」は「じょうずに生きる力」

カバー・本文イラスト――matsu（マツモト ナオコ）
本文DTP――川又美智子
編集協力――鈴木麻由美

2B

1章

子どもの能力は「作文力」で決まる！

「表現する力」は「強く生きる力」になる！

1 作文がうまい子が「人生うまくいく理由」——考える力

作文力——「自分を正確に表現できる子」は必ず成功する！

作文がうまい子は、**人生すべてうまくいく**。

作文くらいで何を大げさな、と思われるかもしれません。
でも、これが、三十五年以上もの長きにわたって、国語作文教育研究所を主宰し、子どもの表現教育の現場にいた者としての結論です。

作文がうまい子は、人生すべてうまくいく。
実際、作文がうまい子は、人生の成功を必ず手に入れています。

それは、**作文をうまく書くための力と、人生の成功を手に入れる力には、たくさんの共通点がある**からです。

人生の成功とは、何だと思いますか。

お金や地位、名誉などを得ることだけが、人生の成功ではありません。

そういえば、ひところ「お金で買えないものはない」と豪語していた起業家がいましたが、彼はその後、どうなったでしょうか。お金、地位、そして名誉まで手にしようとしていた矢先の失脚劇を、どうぞ思い出してみてください。

もちろん、お金や地位、名誉などは人生の成功を邪魔するものではありません。それに縛られたり、こだわったりしなければ、人生の成功を手助けしてくれるものでもあります。

しかし、人生の成功とは何かと言われたら、それはお金でも地位でも名誉でもなく、大きく分けて次の二つのことを実現させることです。

一つは、**充実した人間関係に恵まれる**こと。

もう一つは、社会において**自分の能力を発揮することができ、かつ、人から評価される**こと。

この二つに尽きます。お金や地位、名誉などは、その後からついてくるものです。

愛し愛される家族がいて、親密な関係を結んでいる。

先生や目上の人にかわいがられている。

クラスや職場の仲間として信頼されている。

本当の友だちがいる……。

年齢によっては、異性から愛される、ということも含まれるかもしれません。

子どもに「考える習慣をつけさせる」一番いい方法

人は、一人で生きているわけではありません。

充実した人間関係がベースにあってこそ、人は安心して、自分の人生に挑んでいくことができます。

友だちは数さえ多ければいいというものではありません。たった一人でも二人でも、心を許し互いを認め合える友人の存在は、人生に勇気を与えてくれます。

そう、充実した人間関係に恵まれることこそ、成功した人生と言えるのです。

人は、一人で生きていけるわけではありません。

子どもなら、学校やお稽古ごと、課外活動のチーム……。大人なら、家庭や職場、さまざまな社会的活動……。

それぞれが生きる場所で、自分なりの働きをし、自分以外の誰かの役に立っているという実感を得られてこそ、人は自分の人生に満足することができます。

人は、人から必要とされることで、生きていく目的を見つけることができます。逆に言えば、人から必要とされないことほど、悲しいことはありません。

ですから、**社会で自分の能力を発揮できること。そして、人から必要とされ、評価されることこそ、成功した人生の証**なのです。

それでは、なぜ「作文をうまく書く力」と「人生の成功を手に入れる力」に共通点があると言えるのでしょうか。

そもそも、作文をうまく書く力とは、いったいどんな力なのでしょう。


それは、**ものごとを多面的にとらえる力**です。

論理的に考えることのできる力です。

本質を見極めることのできる力です。

自分の意見や思いを、じょうずに人に伝えることのできる力です。

豊かな感性で、人の気持ちを理解する力です。


こうした力を持っている子が、充実した人間関係に恵まれ、社会で能力を発揮し、評価を得ることができるのは、考えてみれば当たり前のことだと思いませんか？

作文がうまい子は、その力で、人生の成功を手に入れていくことができる。

ただし、こうした能力の伸ばし方は、**学校では教えてくれません**。

お父さん、お母さんが、どれほど意識的に、効果的に、お子さんの作文力を育ててあげられるかにかかっているのです。

2 作文がうまい子が「算数もよくできる理由」——論理力

「国語力=作文力」でなく「国語力+算数力=作文力」

作文がうまい子は、算数が得意です。

と言うと、「作文がうまい子は国語が得意だ、と言うのならわかるけれど、算数が得意だというのは、いったいどうして?」と不思議に思われる親御さんは多いことでしょう。

もちろん、**作文がうまい子は、国語に苦労することはない**と思います。社会や理科も、興味さえ持てれば、問題ないでしょう。

けれど、**作文がうまい子は、算数だって得意**なのです。

「要するに、作文がうまい子は、勉強すべてが得意だってことなのね？」とまとめてしまいたくなる親御さんも多いことでしょう。

「作文がうまい子は勉強ができる」というほど単純なものではありませんが、「作文のうまい子は頭がいい」のは確かです。

それは前項でも説明したように、「ものごとを多面的にとらえる力」「論理的に考えることのできる力」「本質を見極めることのできる力」「自分の意見や思いを、じょうずに人に伝えることのできる力」「豊かな感性で、人の気持ちを理解する力」が身についているはずだからです。

そして私は、あえてこう言いたいのです。

作文のうまい子は算数が得意である、と。

その理由は、二つあります。

一つは、**作文がうまい子は、算数の文章問題を難なく理解できる**ということです。

じつは最近、算数の文章問題を理解できないという子どもが多いのです。

問題の意味がまったくわからない、または深く考えすぎて正解にたどりつけない、ということも往々にしてあるのです。

「うちの子、計算問題は得意なんだけど、文章問題が苦手なのよ」と、思い当たるお母さんもいらっしゃるのではないでしょうか。


私に言わせれば、子どもが文章問題を理解できないのは、まさに、作文力が欠けているからにほかなりません。

なぜなら、文章問題における数字とは、言葉。文章問題とは、場面。言うなれば、**文章問題とは一つのストーリーであり、式を立てるというのは、そのストーリーをもっとも凝縮した形で要約する作業**だからです。

ストーリーを読み解けない子、つまりその文章問題が何を言おうとしているのか、何を求めているのかがわからない子に、文章問題が解けるわけはありません。

理系アタマ――「有名な作家に医者が多い理由」

作文のうまい子は、算数が得意。

その理由の二つ目は、**作文のうまい子は、論理を積み上げて問題を解いていく算数的なものの考え方そのものが得意**だからです。

よく文系、理系という言い方をします。

「作文が得意なの？　じゃあ、あなたは文系なのね」

「国語が苦手？　じゃあ、あなたは理系なのね」

学校の進路相談などでも、こうした「アドバイスにもならないアドバイス」を受けることは、よくあると聞きます。

実際、私自身も生徒本人から、あるいはその親御さんたちからしばしば、進路についての相談を持ちかけられますが、そのときにもよくこの「理系」「文系」という言葉が使われます。

「国語が得意だから文系」

「算数が得意だから理系」

でも、これはじつに軽率な分類の仕方というべきです。

人間の能力は、そんなに簡単に区別できるものではありません。


たとえば、医者。イメージとしては理系中の理系でしょうが、それにも関わらず、**作家として成功している人が多い**ことはよく知られていることと思います。

森鷗外
なだいなだ
北杜夫
鎌田實
渡辺淳一
漫画家の手塚治虫なども、医師の免許を持っていました。

彼らは理系なのでしょうか、それとも文系なのでしょうか？

このように、一人の人間を文系・理系で分けてしまうことほど、浅はかなことはないのです。

世間で「名文」と呼ばれる文章は、**じつに緻密に計算されて書かれているもの**です。名文は、ただ感性だけで書けるものではありません。「ここにはこの言葉、次に来るのはこの言葉」と、建築にも似た作業の果てに生み出されていくものなのです。

たとえば、宮沢賢治の『めくらぶどうと虹』という作品の冒頭の一文を例に取りましょう。

城あとのおおばこの実は結び、
赤つめ草の花は枯れて焦茶色になり、
畑の粟は刈られました。

宮沢賢治がこの作品の中で表現したい世界観が凝縮されている文章です。

まず、「城あと」の城というのは、人工物です。それが今は朽ちて、荒涼とした野原に返っている。城あとという言葉一つで、「人工」と「自然」という対比を用いながら、人の世の栄枯盛衰の様を表わしているわけです。

次に、「おおばこ」は多年草です。だから、ただ消えてしまうのではなく、また実を結んでいます。一方、「赤つめ草」は一年草。だから「赤つめ草の花は枯れ」ていくのです。生命と死——ここでも、対比的表現が用いられています。

じつに緻密に組み立てられた文章ではありませんか。

算数というのは、一つひとつ、論理を積み上げていく学問です。

それは、一つひとつの言葉を組み立てて、文章にしていく作業と似ています。

つまり、**本当の意味で「うまい」文章を書くには、いわゆる「理系」的なものの見方、とらえ方、組み立て方が必要**なのです。

このように、本当の意味で算数が得意な子は、文章を読み解き理解する力がある、そして文章を組み立てていく力がある。

どちらも、「算数というのは一つひとつの論理を積み上げていく学問である＝作文力を要する」と考えれば、うなずける話ではないでしょうか。

作文がうまい子は算数が得意だというのは、むしろ必然なのです。

3　作文がうまい子が「友だちの気持ちがわかる理由」――観る力

作文のうまい子は「人を喜ばせる言葉」を知っている

作文がうまい子は、**友だちづくりの達人**です。

『友達百人できるかな』という歌があります。

友だちの多い子どもになってほしい、という親の願いが凝縮されたような歌ですが、じつは**友だちは、多ければ多いほど良いというものではありません。**

たくさんの友だちに囲まれてワイワイやっているのは、はた目には良いようでも、それが上辺だけの友だちばかりだったとしたら、人生の糧にはなりません。

それより、たとえ数は少なくても、心を許し尊敬し合える友だちがいたほうが、どれだけ人生を豊かにしてくれるかわかりません。

そのことは、これまで何十年か生きてきた人生の先輩である親御さん自身、身に染みていらっしゃるはずです。

にもかかわらず、この歌が長年、歌い継がれてきたのは、やはり親として、子どもが学校でポツンとさびしそうにしている姿を想像することほど切ないことはないからではないでしょうか。

とくに、いじめ・いじめられの問題が深刻化している昨今、子どもに友だちがいるかどうか、子どもが友だちとじょうずに付き合っていけるかどうかは、親にとって最大の関心事の一つです。

その点、作文がうまい子は、友だちづくりに苦労することがありません。

たくさんの友だちに囲まれてワイワイと過ごすことも、上辺だけではない本当の友だちを見つけることも、とてもじょうずにやってのけます。

なぜだと思いますか。

それは、**作文のうまい子は、その場の条件に適応した言葉を選ぶ力にすぐれているから**です。

人間とは、言葉でつくられているものです。最近は性格や個性のことを「キャラ」と呼んだりしますが、その「キャラ」は、言葉で練り上げていくものなのです。

ちょっと考えればおわかりいただけると思いますが、たとえば、あなたは自分のことを何と呼んでいますか。子どもは、自分のことを何と呼んでいますか。

「わたし」「ぼく」「わたくし」「おれ」「わし」「あたし」「うち」、あるいは「ゆみちゃん」「みか」などと、自分のことを名前で呼ぶ人もいます。

日本語とはすごいもので、すぐに思いつくだけでもこれだけの言葉があります。このうちのどの言葉を選び取っていくのかということから、すでに「キャラ」づくりは始まっています。

自分のことを「わたし」と呼ぶ人と、「あたし」と呼ぶ人、あるいは人人になってさえ「みかは、ね」などと甘えた言葉づかいをする人とでは、醸し出す雰囲気がまるで違ってくるはずです。

そのほか、男言葉を使うのか女言葉を使うのか。いわゆる若者言葉や流行語を多用するのか。さらに、何を語るのか。

そうした言葉選びの結果として、「キャラ」は確定していくわけです。

そして、作文のうまい子は、その作業がじつに巧みなのです。

それというのも、作文を書くには、自分の意見や思いをある程度の文字数でまとめなければならないからです。

二百文字なのか、四百文字なのか、あるいは十七文字なのか。または原稿用紙百枚、二百枚にもわたって述べていくのか。

それは状況によってさまざまですけれども、いずれにしろそのためには、**ものごとを要約する力、ものごとの意味をつかむ力**が必要となります。

一番大事なことは何なのか。

要するに、それはどういう意味なのか。それをパッとつかんだうえで、一番的確な言葉を選んで表現していく。

作文を書くという作業を通して日々、言葉選びの訓練をしている子どもが、言葉で練り上げる「キャラ」づくりに長けているのは、当たり前と言えるのです。

その場の空気になじむ言葉で、ふわりと人の輪に入ることもできる。あえてその場の空気を変える言葉を言って、人の目を引きつけることもできる。

あるときは自分を抑えて当たりさわりのない言葉を語ることも、あるときは独特の言葉でパフォーマンスして「おっ?」と驚かせることも、作文のうまい子は非常に得意です。

こういう子は、友だち関係を広げていきながらも広さに満足して終わりにするのではなく、まるで網に引っかかる魚を待つように、自分のアンテナに引っかかる本当の友だちを見つけていきます。

「好き・嫌い」だけでなく「どこが好き・どこが嫌い」を言える能力

本当の友だちとは、どんな友だちのことでしょうか。

私は、**お互いに尊敬し合える友だち**のことだと思っています。

そんな友だちをつくるのに一番大切なのが、**人を多角的に見る力**です。


「好き」となったら、何もかもが好き。

「嫌い」となったら、存在そのものが許せない。

友だちと付き合うのに、いちばん愚かな姿勢です。

なぜなら、こうした激しくも単純な感情は、あっという間に引っくり返ってしまうものだからです。


たとえば、女の子同士はよく誘い合ってトイレに行きます。こうした友だら関係は、うまくいっているときはベタベタと仲がいいのですが、たかがいっしょにトイレに行かなかったくらいのことで、「裏切り者」になってしまいます。その結果、翌日から、口も利かない仲になってしまうことも珍しくありません。

なんと不毛な友だち関係なのでしょうか。

その点、好きとか嫌いとかではなく「こういう面もあるよね」「ああいう面もあるよね」と、人を多角的に見ることができる子は、自然に「あの子のこういう面は好きになれないけれども、こういう面は尊敬できるな」と判断することができます。

こうして、**好きとか嫌いとかではなく、尊敬という一段上の感情でもって、友だちと付き合うこと**ができます。

こんなふうに尊敬できる友だち。それこそが、本当の友だちだと私は思うのです。

そして作文のうまい子は、例外なく、ものごとを多角的に見ています。

「ぼくはアイスクリームが好きです」

「ぼくはアイスクリームが嫌いです」

こんな「好き」「嫌い」の断定表現だけでは、作文とすら言えません。

アイスクリームを語るのだとしたら、その味は、色は、口当たりは？　アイスクリームをおいしいと思っている自分は？――と、いろいろな角度からアイスクリームを語れる子こそ、味のあるいい作文が書ける子なのです。

それと同じで、作文のうまい子は、友だちに対しても、その子の一面のみで評価せず、「あの子には、こういう面もあるよね、ああいう面もあるよね」ということが理解できます。

たとえば、

「あの子はけんかっ早くて乱暴だけれども、小さい子や動物には優しい」

「宿題もやってこないし、忘れ物も多いし、だらしないところがあるけれども、足が速くて運動神経は抜群だ」

といった具合です。

つまり、**何かしら友だちのいいところを発見することができる**のです。

ですから、作文のうまい子は、単純な好き嫌いで友だちを判断したりしません。

好きとか嫌いなどという、一番、原始的で単純な価値観で人を判断してしまう子は、友だちにはいろいろな面があることを見逃してしまいます。

一方、あらゆる角度から人を見て判断できる子は、好奇心を持って友だちのいろいろな価値を見いだすことができます。

このように、**作文がうまい子は、人のさまざまな面を見る力によって、尊敬できる本当の友だちを見つけることができる**のです。

4　作文がうまい子が「人をじょうずにまとめる理由」――説得する力

「空気を読む子」から「空気を変える子」へ

作文がうまい子には、**リーダーとなれる素質**があります。

と言っても、それを発揮するかしないかはまた別の問題です。

作文のうまい子は、自分なりのシナリオを描くことが得意ですから、あるときは自分を抑えて静かにしている。あるときは派手なパフォーマンスでリーダーシップを取ってみせる。

そんな演じ分けもじょうずなので、必ずしも、いつもリーダーとなるわけではありません。

リーダーの素質の中でまず大切なのは、**場の空気を読む力**です。

空気を読む――ひところ「KY（空気が読めない）」などという言葉が流行りましたが、空気を読むということは、人間関係においてとても大事なことなのです。

誤解しないでいただきたいのですが、私は空気を読み、それに合わせることを良しとしているわけではありません。

空気を読んだうえで、それに合わせるのも良し、合わせないのも良し、自分が空気をつくるのも良し。戦略はそれぞれで良いと思っています。

ですが、空気を読めずにいて、無防備にそれに逆らってしまうのは、戦略として賢くはない、と言いたいのです。

たとえば、小学校や中学校での役員決めの会議の場などで、こんな経験はありませんか。

この本をお読みの方のほとんどは、小学生や中学生の子どもを持つ親御さんだと思うのですが、春の役員決めのときのあの緊迫した雰囲気は、よくご存じでしょう。

ボランティアでありながら、たくさんの時間を取られ、しかもみんなからは文句を言われるなど損な役回りになりがちなＰＴＡの役員は、とくに子どもが高学年になるほどなり手が少ないもの。

「下の子がいて」とか「親の介護をしていて」とか「仕事が忙しくて」とか、そういった言い訳が続きがちです。

しかし、一方で「どうせいつかは順番が回ってくるんだし、子どものためにもなることだから、やってもいいわ」と思っている人も少なからずいるはずです。それでもあのシーンと静まり返った中で手をあげるのはかなり勇気がいるため、ためらってしまう場合も多いと聞きます。

長い沈黙の時間は苦痛だし、何より次第に雰囲気が悪くなっていくのがイヤで、ここは思い切って手をあげてしまおうと思っても、お母さん社会の中ではとくに、先頭を切る行為というのは勇気のいるもののようです。

「『何よ、やりたがり』『張り切っちゃって』と思われたくないし、誰かが先に手をあげてくれれば、名乗り出てもいいんだけどな」と、苦しい時間を過ごしている人も多いのでしょう。

そんなときに、**その空気を読んで、サラリと重苦しい空気を変えてしまう**お母さんが、たまにいると聞きました。

たとえば、

「じつはこの間、子どもがこんなふうに言ったんです。『ぼく、この間、学級委員に立候補したんだけど、ダメだったんだ』と。それで、『ママたちの学級委員は、誰が立候補しているの』と聞くものですから、『まだ、誰も立候補していないよ。やりたいっていう人、少ないんだよ』と言ったんですね。そうしたら、『え、じゃあ誰も立候補してないの？　じゃあ、ママがやりなよ、いいじゃん、学級委員、すごくカッコいいよ！』とすすめられてしまいまして。息子のリベンジということで、今回の役員をお引き受けさせていただきます」

などとちょっと笑いを誘う言葉。

これをきっかけに場が和み、「自信がないのですが、私も参加させていただきます」とか「うちの子も、私が学校の用事で学校に来ていると、とても喜ぶんです」などと、次々に手が上がるということもあるようですが、いかがでしょうか。

今の発言が、重苦しい空気を変えるために、きわめて戦略的に放たれたひと言だったとしたら、このお母さんは場の空気を読むことに長けた、リーダーの素質のある人と言えます。

そのようなセリフで場の空気を変えてしまうのが、作文力なのです。

教室で「誰からも一目置かれる子ども」の習慣

空気を読むためには、洞察力が必要です。

今、この人は何を考えているのか。あの人は、どういった理由でその言葉を口にしたのか。

相手の言葉の端々から、表情から、それを読み取る――。作文のうまい子は五感が豊かですから、こういうことに長けています。だから、作文のうまい子には、リーダーの素質があると言っているわけです。

その素質は、まだ萌芽に過ぎないかもしれません。ですが、いずれにせよ、作文のうまい子が集団の中で「**一目置かれる存在**」であることは、確かです。

それでは、集団の中で、一目置かれる存在とはどういう子なのか。

私の教室での実例をお話しましょう。

私の教室では毎回、さまざまなテーマを取り上げて私が講義をし、みんなで議論をした後で、最後に作文を書くというスタイルをとっています。

その日のテーマは、「なぜ、おたまじゃくしは空から降ってきたのか」。

以前、主に石川県内で、空からたくさんのおたまじゃくしが降ってくるという珍事件が相次ぎました。

一度や二度なら、「誰かのいたずらか?」ですんだのでしょうが、あまりにも何度も、それもたくさんのおたまじゃくしが降ってくるという珍現象は、テレビや新聞でもかなり話題になりました。

そこで、その日の授業では、

「空からおたまじゃくしが降ってきたのはどうしてか、みんなで理由を考えてみよう」

ということで議論を始めました。

そのとき、生徒たちの様子を見ていておもしろいことに気づいたのです。

作文がうまい子ほど、ふっと気の利いたことを言うのです。

その逆に、お勉強はできるけれども作文はそれほど得意ではないタイプの子というのは、平凡なことを言うのです。

「竜巻が」とか「ジェット機が」とか「異常気象のせいだ」とか。

あるいは「誰かがでっち上げた、いたずらなんじゃないか」とか。

どれも理由として悪くはありませんが、誰もが考えつくことばかり。とくに新鮮味はありません。

その点、**自分の言葉を持っていて、自分の頭できちんと考えられる子というのは、やはり発想が違う**なと思わされました。

たとえば、「おたまじゃくしは、なぜ空から降ってきたんだと思う？」という問いに、「いつだったか、飛行機の機体が突然、消えたっていう事件があったよね。あれ、機体が発見されていないよね、まだ」などと、まるで無関係に思えることを言い出すのです。聞いているこちらが一瞬、「え？」と思うようなことです。

「ぼくは、機体が異次元にワープしたんじゃないかと思うんだ。おたまじゃくしも、それと同じように異次元を通り抜けて、いろんな場所に出没してるんじゃないか」。

荒唐無稽だけれども話題としてはおもしろく、「そうかもね！」「君、すごいね！」と、ちょっとその場が沸き立ちました。

そして、それ以降、確実に議論の流れが変わっていきました。その子に触発されたのか、それまで平凡なことばかり言っていたまわりの子も、どんどんおもしろい考えを言い出したのです。その子の発想力によって、非常に充実した授業になりました。

集団の中で一目置かれる存在、リーダーの素質のある子というのは、こうした議論の場に**意外な言葉をポンと放り投げて、話の流れを変えることができる子**です。

今の場合で言えば、意外な言葉は「飛行機」でした。

「おたまじゃくし」と「飛行機」は、一見、何の関係もないようですが、その子は、飛行機が、あるべきところ（空）から「消えた」という事実と、おたまじゃくしが、あるべきでないところ（空）から「現れた」という二つの事実を巧妙に結びつけました。そして「異次元からのワープ」という、ちょっとしたストーリーを展開したのです。

こういう**「発想力」「構成力」は、作文力の二大要素**と言えます。

「作文のうまい子」が、集団の中で一目置かれる存在であるというのは、こうした二つの能力をもって、場を動かせるということなのです。

5 作文がうまい子が「ここ一番に強い理由」
――表現する力

作文のうまい子だから「自分をアピールする方法」を知っている

作文がうまい子は、人生すべてうまくいく。極端な言い方かもしれませんが、これまでお話してきたように、**私は確実にそう言える**と思っています。

でも、そもそも「人生がうまくいく」とは、どういうことでしょうか。

金持ちになること？　有名になること？

これらも「成功」を定義する一つの観点でしょうが、**人生とは、そんな単純なものではありません**。

どんなに財を成し、名を得ていても、たとえば家族に恵まれず、さびしさを抱えていたり、信用できる人がまわりにいなくて孤独だったり、生きる目的を見失ってしまっていたりなど、「自分は不幸だ」と感じている人は、たくさんいます。

一方、貧乏でも心豊かに生きている人、世間にもてはやされることでなくても打ち込める仕事を持っている人、家族みんなが健康で仲良く暮らしていることに満足している人など、取り立てて「財」も「名」もなくても、「自分は幸せだ」と感じている人はたくさんいるのです。

いったいどちらの人生が、うまくいっているのでしょうか。

いったいどちらの人が、成功者なのでしょうか。

かように「成功」とは何かを定義することは、むずかしいのです。

したがって、「作文がうまい子は、人生すべてうまくいく」とは言っても、それは、作文がうまい子は、何事もなく平穏無事な人生を送っていけるという意味ではありません。

作文がうまい子の人生にも、山はあります。谷もあります。

それでも、**作文がうまい子は、山を越えていくことができます。谷から這い上がってくることもできます**。

そう、作文がうまい子には、**逆境を乗り越えていく力がある**のです。

私自身の話をしましょう。

私自身、「作文」によって何度となく人生を救われてきました。

もともと、私は何も持たない人間です。

長野の山里で生まれ、父親は小学校教師。家柄もない、財産もない、人脈もない。まったくゼロのところから出発した人間です。

それが、作文教育を世に広めるべく国語作文教育研究所を立ち上げ、表現教育の一端を担う身として、今日まで活動してきたのです。

人生を真剣に生きていれば、時折、「ここぞ」というチャンスがあるものです。

とくに若いころは、チャンスが訪れたときにいかにその波に乗っていくかで、その後の人生の流れが決まってしまう部分があります。

かつての私にも、いくつか「この人と付き合っていくことが必ずや自分のプラスになる」と感じる人物との出会いがありました。

それは、たとえば政治家や財界人、あるいは著名評論家などの、いわゆる「偉い人」であったりしたわけですが、そのとき**私は渾身の力を込めて、相手のことを読解しながら手紙を書きました**。

私のように何も持たない人間が何ごとかをなそうと思ったら、それこそ自分の理解者を増やし、自分で「宮川応援団」のようなものをつくっていくしかないと考えていましたから、それこそ死ぬ気で書きました。日本の国の問題から、そこにおける現在の自分の役どころから、すべて。

たとえば、ここでは具体的な名前を出すことは控えますが、ある政治家に対して、「国事民事に尽くすことを本懐として」

「一介の田舎教師であった父から、『真の教育者は、国をも指導する』との教えを受けて」

などと書いたときは、何か気迫を感じ取ってもらえたようです。「今どきの若者らしからぬ文章にいたく感銘を受けた。一度、会ってみたいと思った」との返事をもらい、その後、長きにわたってお力添えをいただきました。

こうして、いかにも相手が好みそうな表現を使いつつ、「若い奴にしては言葉も知っているし、問題意識もあるじゃないか」という落としどころを意識しながら書きました。ずるいかもしれませんが、私としても必死だったのです。

このように手紙一つで、世間で偉いと言われる権力者たちの庇護を受けることができたわけです。

何も自慢話をしたいわけではありません。

人生における「ここぞ」という**チャンスを活かすときに、作文力というものがいかに役立つか**、ということが言いたいのです。

今の例は「手紙」でしたが、形態が違っても、同じこと。

相手の立場や人間性を読解し、相手に理解してもらえるように、自分の言いたいことを伝える力。そうした力が、人生を助けてくれるということが言いたいのです。

作文も人間関係も「言葉を使ってつくり上げるもの」

当時、一九八〇年代半ばは「人脈」ということが盛んに言われていて、異業種交流なるイベントも盛んに行なわれていました。

要するに、業種を超えていろいろな人と名刺交換をして、人脈を広げよう、ということをやっていたわけです。

でも、私には、そんなものが人脈だとは、とうてい思えませんでした。「ただ名刺を交換しただけの知り合い」、それが何だというのか。人間関係というものは、そんなにお手軽なものではない――そんな思いを強くしていたことが、昨日のことのように思い出されます。

人間関係は、言葉を使ってつくり上げるものです。

相手の心の中の「芯」に言葉を置く。

相手も、こちらの心の中の「芯」に言葉を置く。

そういった**言葉の「置き合い」を通じて、真の人間関係は生まれる**ものです。
ちょっと抽象的かもしれませんが、私が言わんとしていることは、おわかりいただけるでしょうか。要するに、名刺交換やあいさつ、軽々しい言葉のやりとりだけでは、真の人間関係は生まれないと言いたいのです。

言葉を尽くして練り上げた関係は、会う機会が少なくても忘れられないものです。あなた自身、そういった人間関係をお持ちではないですか？

たとえば、学生時代の親友。

若き日に言葉を尽くして語り合った思い出があれば、たとえ今、日常を共有していなくても、めったに会うことがなくても、それは大切な人間関係なのではないですか？　そして、いざというときに助けてくれるのは、そういった人間関係なのではないですか？

少なくとも、名刺交換をしただけの相手と、比べられるものではありません。

逆境を乗り越えるだけの力を与えてくれるのは、そうした人間関係です。

私は、そうした人間関係こそが本当の「人脈」、いわば、いつでも、いつまでも助け合える「一生ものの人間関係」だと思っています。

卑近な例として私の手紙の話をしましたが、要するに、**人の心を動かす文章を書ける人こそが、そうした一生ものの人間関係を築ける**ということです。

作文のうまい子、表現する力のある子が、すでにそういう素地を持っているということは、言うまでもないでしょう。

2章

書く力——「子どもの頭」を鍛える一番いい方法

頭のいい親の「ひと言」「話し方」

1 頭がいい子は「楽しかった」と書かずに「楽しかった」を伝える

親子の会話が多い子ほど「表現する力」が伸びる！

子どもの作文力を伸ばすには、お父さん、お母さんと子どもとの間で毎日交わされる会話が、非常に大切です。**親が問いかけ、子どもが答える——この何気ないやりとりの中に、「表現する力」を伸ばす秘訣が、たくさん含まれている**からです。

「どう答えるか」は「どう問いかけるか」によって変わります。

何も考えずに答えるのも、思考力や想像力をフル回転させて答えるのも、問いかけ次第。つまり、会話を通じて子どもの「表現する力」を伸ばせるかどうかは、親の問いかけ方にかかっている、というわけです。

ここで質問です。

学校から帰ってきた子どもに、何と声をかけていますか？

「おかえり。今日、学校どうだった？」

こんなふうに声をかけているお母さんは、多いのではないでしょうか。

そのとき、子どもは何と答えますか？

「楽しかったよ」「おもしろかったよ」。あるいは「普通」。それとも「別に」？

こんなふうに、**たったひと言で終わってしまっていることが多い**と思います。

もし当てはまると感じたなら、子どもが学校から作文を持ち帰ってきたときに、その文章の末尾に注目してください。

「楽しかったです」

「うれしかったです」

「おもしろかったです」

ひょっとして、こうした単純な「まとめ言葉」で締めくくられていませんか？

全体を読まなくても、このまとめ言葉一つだけで、表現する力の弱い子が書いたものだとわかります。

なぜなら、「楽しかった」「うれしかった」「おもしろかった」――こうした**単純な「まとめ言葉」は、伝わりやすいようでいて、じつは一番、人に伝わりにくい言葉**だからです。

「おなかが痛い」というときに、「痛い」という言葉だけで痛さの程度や種類を理解するのが難しいのと同じです。

おなかがパンパンに張っているような痛みがあるけれども、普通に行動できる程度の痛みなのか。ズキンズキンと鼓動を打つような痛みが襲ってくるたびに、顔をしかめてしまうほどなのか。耐えきれず、うずくまってしまうほど痛いのか。

そんなふうに、きちんと説明してもらわないと、わかりません。

「楽しかった」という言葉も同じです。自分が感じる「楽しかった」と、人が感じる「楽しかった」は、はたして同じ感情でしょうか？　もしかしたら、かなりニュアンスの異なる感情かもしれません。

聞く人によってどうとでも取れる、単純な言葉を安易に使っているようでは、作文はけっしてうまくなりません。

「今日、学校どうだった?」という問いかけに、子どもが「楽しかった」と答えれば親は何となく安心してしまいがちですが、いったい何がどのように楽しかったか?

「楽しかった」という言葉だけでは、肝心なことは何一つわかりません。

お母さんが期待しているように、目を輝かせて授業を受け、休み時間には友だちと校庭でイキイキと遊び、おいしく給食を食べ、充実した一日を過ごせたという「楽しかった」なのか、先生に叱られず、大過なく過ごせたという「楽しかった」なのか。

このひと言では、まったくわからないのです。

「楽しかった」でなく「何が楽しかったか」を書く

作文のうまい子は、「楽しかった」といった「まとめ言葉」を心して使わないようにしています。日常生活でも「楽しかった」という言葉を安易に使わないほどです。

「楽しかった」という言葉を使わずに、別の言葉で「楽しかった」ことを表現するのです。いったい、どうやって？　例をあげて説明しましょう。

まずは、「まとめ言葉」を使ってしまった例です。


「遠足」

学校の遠足で、あさひ公園に行きました。

バスで、ともこちゃんととなりの席にすわりました。おしゃべりをしたり、ゲームをしたりしているうちに、公園に着きました。

公園の中をみんなでさんぽして、お昼になったらおべんとうを食べました。

楽しかったです。


はたして、この子はいったい何が「楽しかった」のでしょうか。

バスの中でおしゃべりをしたり、ゲームをしたりしたこと？　公園の中を散歩したこと？　それとも、お弁当を食べたこと？　――さっぱり、わかりません。

同じテーマでも、**作文のうまい子**ならこんなふうに書きます。

「遠足」

遠足で、あさひ公園に行きました。

しばふが、まるで緑のじゅうたんみたいに広がっていたので、ともこちゃんといっしょにねころがってみました。

でんぐりがえしもしてみました。

家のおふとんの上でやるより、学校のマットの上でやるより、くるん、とじょうずに回れました。ともこちゃんが「すごい、じょうず」と言ってくれました。

私は得意になって、何度も回りました。

けしきがぐらぐらゆれてくるまで、ずうっと回っていました。

この作文には、「楽しかった」という言葉は一つも出てきません。

でも、いかにも楽しそうです。それは「何度も回った」「景色がぐらぐらゆれてくるまで、ずうっと回っていた」という情景描写から、楽しさが伝わってくるからです。

このように、「表現する力」とは、一つには、**そのときの情景をリアルに描写する力**と言い換えることができます。

楽しかった、うれしかった、あるいは、悲しかった、悔しかった。子どもは鋭い感性で、いろいろなことを感じながら日々、生きています。

ですが、内なる感情をじょうずに、伝わるように表現できるかどうかは、別の話。

そこで、冒頭に述べたように、親の「問いかけ方」がものを言います。

ある感情を抱いた、そのときに、いったい「何がどうなっていた」のか。そして「自分はどうした」のか。

毎日の会話の中で、子どもがそのときの情景をくわしく答えられるような問いかけ方をすれば、子どもの「表現する力」は間違いなく伸びます。

まずは、作文から離れて、ふだんから子どもが自然と場面を語りはじめたくなるような問いかけ方をするように心がけてほしいのです。

「楽しかった」というような全体的な感想しか得られない問いかけ方はもうやめて、**一つのエピソードに絞り、その場面を具体的に聞き出す問いかけ方**にしてください。

「今日、何か笑えることあった？」——表現力を磨くひと言

情景描写力を伸ばす問いかけ方——それには「**引き出し言葉**」が効果的です。

「引き出し言葉」とは、「今日、何か笑えることあった？」とか「びっくりするようなこと、あった？」というように、具体的なエピソードを引き出す問いかけ方です。あるいは、「黒板は誰が拭いているの？」「隣の席のあきこちゃんは、給食で何が嫌いなの？」というように、具体的な答えを引き出す問いかけ方、とも言えます。

とにかく、**子どもが答えをひと言ですませられないようなことを聞く**。さらには一問一答で終わらないように、続けて聞く。

これが、「引き出し言葉」のポイントです。

子どもにいかに話させるか、言葉をいかにたくさん引き出していくかを考えて、「うん」とか「ううん」「別に」「普通」といった言葉では答えられないような質問をうまく重ねていくということです。

質問を重ねるときのポイントは、**「そそのかし言葉」**です。

「そそのかし言葉」とは、**「どこで？」「誰が？」「どんなふうに？」「へえ、それで？」といった、いわば次の答えを引き出すための「あいづち」**です。

最初の問いかけに子どもが答えたら、こういった「そそのかし言葉」で、どんどん場面を描写させていってください。

「嫌いなきゅうりを食べるとき、あきこちゃんてどんな顔してるの？」

「そのとき、先生はどんな顔をして見ているの？」

「あきこちゃんは、何か言っていた？」

こうして質問を重ねていけば、「今日、学校どうだった？」「楽しかったよ」といった、味も素っ気もない会話にはならないでしょう。

「今日、先生、どんな顔してた？」

「普通？　一度も怒らなかったの？」

「へえ、たくさん怒ったんだ。どんなときに怒るの？」

「どんな顔して怒るの？」

「あなたは、そのときどうしているの？」

「クラスのみんなは、どんなふうにしているの？」

「もっと、くわしく教えてよ」


「お祭りで、誰かに会った？」

「盆踊りで踊ったの？　それで？」

「綿あめ、どんな味だった？」

「もっと、くわしく教えてよ」


こうして、とにかく、「**場面を具体的に語る**」ということに慣れさせていきます。

そして作文を書くときには、

「ママにわかるように、場面をくわしく教えてね」

と話したうえで、

「これはゲームだよ。『楽しかった』『うれしかった』『おもしろかった』を使わないで、作文を書いてみてね」

と言って書かせてみてください。これを繰り返すうちに、**場面が目に浮かんでくるような作文が書けるようになってくる**はずです。

「楽しかった」「うれしかった」「おもしろかった」――安易な「まとめ言葉」を使わずに作文を書くことができるようになれれば、大きな成長です。

ここでもう一つ、情景描写にすぐれた作文を紹介しましょう。

お父さんと釣りに行った日のことが、「楽しかった」「うれしかった」という言葉は一つも使わずに、じつにイキイキと書かれています。

「皿の上の石鯛」

上がる温度。太陽も上がる。それにつづいて、海も光った。

早朝4時半、僕は海の中に仕かけを入れた。まわりはつれていない。が、つれる可能性はある。ところがサオはぴくりともしない。時間だけがすぎていく。いつもの鳥もいない。

「アーアーアー!」

やっとアーアー鳥(よび名、本名ではない)がないた。この鳥がなくと、魚がよくつれる。とそのとき、サオ先が激しくゆれた。魚がかかったらしい。これは鳥がないた直後の魚だ。運がいいとしかいえない。

僕は糸をまいた。魚がうき出てくる。その魚とは・・・

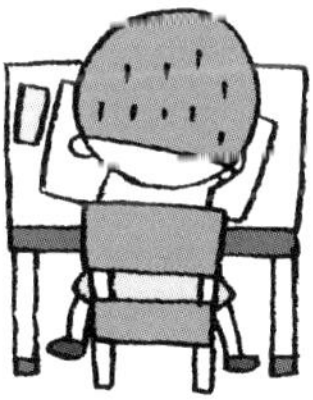

石鯛だった。
「オォー」
おもわずさけんでいた。非常に引きがつよいから、父にあみですくってもらった。その21センチもある石鯛の目が、「食うな！」と言っているようにみえた。でも、僕はやいてたべた（笑）。

（後略）

釣りをした、石鯛が釣れた——この体験を、時間を追ってていねいに書いています。この作文を書いた子は小学三年生。このくらいの年齢でしたら、「先週の日曜日、お父さんと釣りに行きました」といった一文で始める子のほうが多いことでしょう。

ですが、この子は、説明的な要素は極力避け、「上がる温度。太陽も上がる。それにつづいて、海も光った」というように、**情景をズバリ書くところ**から始めています。

さらに、「魚が釣れませんでした」「魚がかかりました」などの事実をそのまま述べることはせず、「サオはぴくりともしない」とか「サオ先が激しくゆれた」などと、表現力豊かに事実を語っています。

極めつけは、「石鯛の目が『食うな！』と言っているように見えた」という表現でしょう。これは、**まさにこの子だけが体験したもの**。この子がどれほど楽しく、刺激的な一日を過ごしたかが、このひと言に表われています。

なかなかレベルの高い、すぐれた情景描写がちりばめられている作品です。

2 頭がいい子は「なぜ？」「もしも？」「だから？」で考える

「自分はこう思った。なぜなら〜」が、いい文章の基本

作文がうまい子は、**人をハッとさせたり、ギクッとさせたりするのがうまい子**です。

まず覚えておいてほしいのは、作文とは、「人に自分の思いや意見を伝える手続き」であるということです。

伝えるべき思いがある、意見がある。

であるならば必ず、その思いや意見が生まれてきた道筋や背景があるはずです。

その道筋や背景を探していくのが、うまい作文を書くには大事なのです。

自分はこう思った。なぜ？

自分はこう考えた。なぜ？

「なぜ？」を追求していくことで、読む人を説得しつつ、自分の思いや意見を伝えていくことが大事なのです。

その「なぜ？」には、いつも論理的な答えがあるとは限りません。

人間は機械ではないのだから、「AだからBになって、Cになりました」というようにキッパリと割り切れないことも、たくさんあります。

と言っても、「ああでもない、こうでもない、違うかもしれない」では、読む人を説得することはできません。

そこで作文のうまい子は、あえて「正しい答え」ではなく、「もっともらしい答え」「意外性のある答え」を自分なりに練り上げ、それを書きます。**人をハッとさせたり、ギクッとさせたりすることで、効果的に、自分の思いや意見を人に伝えようとするのです。**

それが、いわば作文のうまい子の「知恵」と言っていいでしょう。

人をハッとさせたりギクッとさせたりする作文を書くには、それだけのものを練り上げられるような「考える力」が必要です。

子どもに作文を書かせるときに、よく「自分が思ったままを書いていいのよ」「好きなように書いていいのよ」という親や教師がいます。

でも、そんなことを言われたって、子どもはなかなかじょうずに書けない。とくに困るのは、読書感想文でしょうか。

「思ったことを自由に書いてごらん」

そう言われれば言われるほど、子どもは机の前で一文字も書けずに「うーん」とうなっていたりする。

子どもにとって、「考えること」は、それほどむずかしいことなのです。子どもどころか、大人にとってもむずかしいことではないでしょうか。

私に言わせれば、考えることができないのは、子どもが悪いのではありません。そもそも親が、考える方法を教えていない。もっと言えば、そもそも親が考えることをしていないところに、最大の原因があるのです。

考える方法を教えていなければ、子どもが考える方法を知らなくても仕方ありません。「好きなように」「自由に」考えるなんて、じつはとてつもなくハードルの高いこと。考える方法を知らない子が、考えられないのは当たり前なのです。

「正しく書ける子」は必ず「正しく考える大人」になる

「思ったこと、何でも好きなように書いていいよ」と言うと、「バカ」とか「死ね」とか、過激な言葉を書いてくる子がいます。

「お母さんについて、作文を書いてごらん」

と言うと、

「ホントに好きなこと書いていいの？　何書いてもいいの？」

「絶対に、うちの親には見せないでよ」

などと言いながら、「ぼくはお母さんが大嫌いです」なんて書いてきたりするのです。学校や親から抑えつけられてきた子にありがちなのですが、ここぞ、とばかりに鉛筆で毒を吐くのです。

しかし、このように暴言を吐くということと、「好きなように」「自由に」考えて書くというのは、まったく別のことです。好き嫌いなどというものは、もっとも原始に近い感情です。

仮にも我々は人間なのですから、人間としてきちんと考える方法を子どもに教えてやらねばなりません。

「うちの子、作文が苦手なんです」

「好きなように書いていいって言うのに何を書いていいかわからないって言うんです」

こんな愚痴をこぼす前に、親として、子どもに考える方法を教えましたか、その努力をしましたか、ということです。

「バカ」とか「死ね」とか「大嫌い」というのは、単なる感情です。これは「考え」とは言いません。しかし、こうした**感情から生まれた言葉すらも、「考える力」を持って臨めば一つの説得力ある作文になりうる**のです。

「なぜ」「たとえば」「もしも」「だから」の順で考えさせよう

「考える力」は、どうやったら育めるのか。

考えることはむずかしいことですが、もちろん、考える力を育む方法がないわけではありません。

ここでは、疑問から発展させるという形で子どもの「考える力」をつくる方法をお教えしましょう。

ポイントは、**「なぜ」「たとえば」「もしも」「だから」――「な、た、も、だ」の四段階で考えを発展させる**、ということです。

まず大切なのは、ふだんから「なぜ？」という疑問を大事にしていくこと。

ものごとに対して疑問を持つことから、「考える力」は鍛えられます。

「なぜ？」という英知が人間を発展させてきたのです。

子どもというのは、ことあるごとに「なんで?」「なんで?」と質問するものです。ときにはうるさいと思ってしまうこともあるでしょうが、お母さんは我慢して、子どもの「なんで?」をさえぎらないことです。

そして、ここからが一番重要です。

子どもの疑問に、簡単に答えてしまわないでください。ポンと答えを与えた時点で、子どもの思考をストップさせてしまうことになるからです。

「空はなぜ青いの?」

「太陽の光が空気中を通過するとき、波長の短い青い光が空気中のチリや水に当たって散乱するからよ」

家庭は学校や塾とは違います。こんなつまらない、一度きりの会話で終わってしまうQ&Aをやってしまっては、親が答える意味がありません。もちろん「先生に聞きなさい」と言うのはもっといけません。

子どもとじっくり向き合えるのは親しかいません。ですから、こういうときこそ、時間をかけて、子どもの「考える力」を伸ばしてあげてほしいのです。

子どもが「なぜ？」と質問したら、親もいっしょになって、

「なぜかなあ？」

「どうしてかなあ？」

と考えてください。そして、

「あなたは、どうしてだと思う？」

と、子どもが考えるきっかけを与えてあげてください。

そこで子どもが、

「海が反射しているからかな？」

「空気って、ホントは薄く色がついているからかな？」

などと、何か考えついたら、

「そうかもね。でも、それってどうしてなのかな？」

「理由は、それだけかな？」

「ひょっとしたら、こうなんじゃない？」

などと、さらに一歩進んだ疑問へと考えを向けてあげてください。
こんなふうに**「なぜ？」と疑問に思う気持ちを大切にしているうちに、次から次へと「なぜ？」が浮かんでくるようになってきます**。

「なぜ？」という疑問を持てるようになったら、次の段階です。

「たとえば」と、一歩、思考を前進させてみるのです。

「たとえば、夕焼けの空は赤いじゃない？　あれはどうしてなのかしら」

「たとえば、日本でもアメリカでも空の色は同じなのかしらね？」


「たとえば」ができたら、「もしも」で、もう一歩。

「もしも、空の色が黄色かったら、どうなっちゃうと思う？」

「もしも、お日さまがなかったら、空の色って何色なのかな？」


そして、「だから」で結論まで持っていきます。

「だから、あなたは、なぜ空の色が青いんだと思う？」

「なぜ」→「たとえば」→「もしも」→「だから」

この段階を踏んでいけば、**どんな子でも「考える」ことができるようになります。**

私は、この思考の展開方法を「な・た・も・だ」と呼んでいます。

先生の目を釘づけにする「書き出し」のコツとは？

先ほどの「ぼくはお母さんが大嫌いです」にしても、「な・た・も・だ」のプロセスを踏めば、次のように、それなりに練られた作文になります。


　「お母さん」

ぼくはお母さんが大きらいです。

なぜなら、口うるさいからです。

たとえば、テスト前、ぼくが「勉強しよう」

と思っているのに、すぐに「勉強は？　どうしたの？」と聞いてきます。

いまからしようと思っていたのに。

ぼくは、いっぺんでやる気がなくなります。言われたからやるんだ、と思われるのがイヤで、わざとテレビをつけたりしてしまいます。

そうすると、お母さんはヒステリックにどなります。

もしも、お母さんが口うるさくなかったら、家の中は静かだろうなあ。

お母さんは、自分が言わなくてもぼくがちゃんと勉強するかどうか、心配なんだろう。

だから、これからはお母さんがおこりはじめる前に、「これから勉強するよ！」って言っておくようにしようかな。

ただの悪口から、一応は筋道の立った作文になっています。でも、これでもまだ、「普通の作文」の域を出ていません。

作文のうまい子は、ここでもうひとひねり。人をハッとさせたり、ギクッとさせたりする手法を使います。

ただ、奇をてらえばいいということではありません。

よくある見方や考え方に疑問を呈してみたり、あえて一般的な見方や考え方とは正反対の見方や考え方を示して驚かせてみたり、さらにはまったくジャンルの違う話をすると見せかけて隠れた共通項を発見してみせたり、といったことです。

そうしたほうが**「うまい！」と人の目を引くきっかけになる**のです。

たとえば、今の作文の冒頭二行が、次のようだったらどうでしょうか？

　ぼくはお母さんが大きらいです。
なぜなら、とっても優しいからです。
ぼくのためを思って、いつもいつも「勉強しなさい」としかってくれます。

ひねくれた表現ではありますが、でも、ありがちな表現で埋め尽くされていた前の作文に比べて、「ん？」と、こちらの興味を引く力はあります。

作文のうまい子は、考える方法を知っている子。そのうえで、**人をハッとさせたり、ギクッとさせたりする「ひとひねり」を加えることができる子**なのです。

「もしも世界が〜？」——いい作文は「いい問い」から生まれる

ここで一つ、作文を紹介しておきましょう。小学校五年生の作品ですが、一般的に言われていることにあえて反論を唱え、みごとに自分なりの結論を練り上げています。

ご存じのように、イソップの寓話「アリとキリギリス」は、夏の暑い盛りにキリギリスは歌って遊んでばかりいた。アリは冬に備えて働いていた。

そんなアリを、キリギリスはバカにしていたのだけれども、いざ冬になってみると

——という話です。

「怠けてはいけない」という教訓を含んだ寓話として、世界中に知れわたっています。

しかし、ひょっとしたら、次の子が書いているように、**それだけではじつに浅い理解なのかもしれません。**

「アリとキリギリス」という物語を読んだ。

　先生は、キリギリスは夏の間になまけていたから冬に困ってしまった。だからなまけることはいけないことなんだ、といっていた。

　なぜ、キリギリスばかりが責められなくてはいけないんだろう？

　たとえば、アリは冬に遊んだ、キリギリスは夏に遊んだ。そういう見方もできるんじゃないかな？

　もしも世界中がキリギリスになったら、どうなるだろう？

　もしも世界中がアリになったら、どうなるだろう？

　アリとキリギリスの2人がいるから今の世界がなりたっているのだと思う。キリギリスは夏遊んだ。でも冬はきっと反省しただろう。あ、でもそうじゃないかもなぁ。アリに食べ物をもらえるなら来年も遊ぼうと思うかもな。

　とにかくアリは冬、キリギリスは夏に遊んだだけじゃないかな。いつ遊んだかがちがうだけで本当はたいとうなところにいるんじゃないかな？だから、キリギリスが悪いと決めつけることはできないと思う。

　先のことを考えて働くアリは私にはあまりむいていないと思う。今は今。昔は昔。みたいなタイプだから。

　先のことを考える。これは今の社会でよく言われることだけど、先のことを考えるのってそんなにいいことばっかりじゃないと思う。すべて先のことを考えて失敗しないできた人とキリギリスのような先を考えていなかった人とでは大きくちがう。きっと大人になったときに得をするのはキリギリスだろう。けいけんがあるから。

　人にはそれぞれの方法がある。ほかの人と方法がちがうのはあたりまえのことだ。そのことを知らないのがアリだ。アリは自分のほうがあっていると思い優えつ感にひたっていたのだろう。そう思わなかったら「だからいったでしょう」なんて言えないはずだ。

　力のあるもの、食べものがあるものだけい

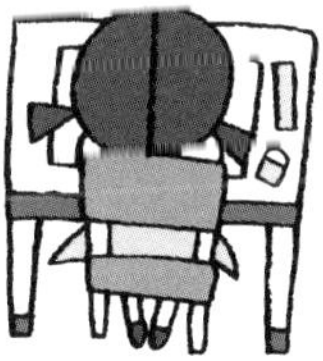

ばって力のないものを見下す。そんなような
こうぞうになっているような気がする。

（後略）


「怠けていると将来、困るわよ」「だから、今がんばりなさい」という場面でこの寓話を持ち出したくなる親御さんは多いことでしょう。

でも、実際、現実社会で、努力は必ず報われているのでしょうか。

がんばれば必ず、明るい未来が開けているのでしょうか。


この作文を書いた子どもは、「なぜキリギリスが責められなくてはならないの？」「もしも世界中がキリギリスだったら？」「もしも世界中がアリだったら？」という問いかけから、現実社会を深く考察しています。

そして、自分なりの考えを見つけていこうとしています。

「な、た、も、だ」を足がかりに「考える力」をつけていけば、このように、**社会のゆがみや、誰もが疑わない一般常識に、鋭く切り込む作文を書くこともできる**のです。

3 頭がいい子は「何があったか」でなく「何を見たか」を書く

最初は「子どもの目に映ったもの」だけを書かせる

作文がうまい子は、**「自分の目でものを見る」ことができます。**

そして、**「自分の目で見たものを書く」ことができます。**

と言うと、この本を読んでいる親御さんは、「自分の目でものを見るって、当たり前のことじゃない？」「自分の目で見たものを書くって、簡単なことじゃない？」と思われるかもしれませんね。

たしかに一見、どちらも簡単そうです。というよりむしろ、自分の目以外の目で見ることのほうがむずかしそうに思えます。

ところが、じつはそうでもないのです。

私が主宰する国語作文教育研究所の子どもたちを見ている限り、**作文のじょうずでない子に限って、「自分の目で見たもの」を作文に書いていない**のです。

たとえば、次の作文を読んでみてください。

「運動会」
学校で運動会がありました。
ぼくは徒競走に出場しました。
一生けんめい、走りました。
一等になりました。
うれしかったです。

小学校などで、学校行事の後によく書かされる類の作文です。

実際はこれほどシンプルではなく、「お母さんにほめられてうれしかった」だの

「赤が勝った」だの、いろいろな要素を付け加えていることでしょうが、こうした作文を書く子どもは多いと思います。

あなたは、この作文を読んでどう思いましたか？

「きちんとした文章だし、まあ、いいんじゃないの」

「おもしろみはないけれども、このくらい書ければ合格とするか」

そんなふうに思ったかもしれませんが、私としては、この作文に合格点はあげられません。なぜか──読んでいて、まったく心が動かされないからです。

たしかに文法的な誤りはないし、文章のつながりも悪くはありません。その意味では、ケチのつけようはありません。

こうした「正しい」作文を書く子は、学校生活においては優等生であったりもしますから、ひょっとして字も読みやすくてきれいなのかもしれない。

でも、少なくとも私自身は、この作文を読んで**ワクワクしたり**、**ドキッとしたり**、**しんみりしたり**、といったような感情は生まれませんでした。

ましてや「うまい！」とうならされることはありませんでした。

なぜ、この作文では心が動かされないのでしょうか。

それは、この作文にはその子が「自分の目で見たもの」が書かれていないからです。

運動会があった。徒競走に出場した。一等だった。うれしかった。

どれも、単なる「事実」に過ぎません。

「事実」は誰が見ても同じ出来事であって、「自分の目で見たもの」ではありません。

朝起きて、朝ごはんを食べて、学校に行って、徒競走と玉入れに出場して、お弁当には何を食べて――こうした事実をあれこれ並べたがるのは、作文のじょうずでない子の一つの大きな傾向です。

そして、作文用紙を何枚も使って長々と書きつらね、「こんなにいっぱい書いちゃった」と満足してしまうのです。

でも、そうした事実を並べただけの文章は、作文というより事実の記録です。どんなにくわしく書いても、どんなにむずかしい言葉で飾り立てても、たとえ何十枚書こうとも、うまい作文にはなりません。**「自分の目で見たもの」が書かれていない限り、人の心を動かすことはできない**からです。

「自分しか書けない作文」＝「自分しか見なかったものを書くこと」

「自分の目で見たもの」が書かれていないというのは、どういうことか——それは、「ひろしくん」でも「たかしくん」でも「けいこちゃん」でも、誰が書いても同じような作文になってしまうということです。

人の心を動かす作文というのは、誰が書いても同じ作文ではありません。ほかの誰でもない、「ひろしくん」が書いているということがひしひしと伝わってくる作文、「ひろしくん」自身が表われていると感じさせる作文です。

いくらつたない文章でも、起承転結がめちゃくちゃであっても、たとえ数行のみの短いものであっても、それが**「その子にしか書けない」作文であれば、また、その子自身が表われている作文であれば、その作文は人の心を動かすことができる**のです。

それでは、「自分の目で見たものを書く」というのは、どういうことでしょうか。

たとえば、次の作文を読んでみてください。

「徒競走」

　パンとピストルの音がしたとたん、夢中でかけた。

　第2コーナーをまわるころ、ぼくの目の前に白いシャツがはためくのが見えた。

　鈴木くんだ。

　ぼくは鈴木くんの白いシャツのせなかを見つめて走った。

　シャツのせなかに黒ペンで書かれた「鈴木」の名前が、ぐいぐいと目前にせまってくる。

　もう少しだ、もう少しでぬかせる。

「鈴木」の名前が見えなくなったと同時に、ぼくのむねがゴールのテープを切った。

いかがでしょうか。運動会の徒競走で一等になった――同じテーマ、同じ事実を取り上げていますが、読む人をぐっと引き込む力があります。「抜けそうだ、抜かせた、よかった！」と感情移入ができます。

感動というと大げさかもしれませんが、少なくとも前の作文よりは、読んでいて心を動かされたのではありませんか？

まぎれもなく、**この子が「自分の目で見たもの」が書いてあるから**です。「はためく白いシャツ」「目前に迫る『鈴木』という名前」。どちらも、「鈴木くん」のすぐ後ろを走っているこの子が「自分の目で見たもの」です。そして、それは「鈴木くん」のすぐ後ろを走っているこの子にしか見えないものです。

これが、「自分の目で見たものを書く」ということなのです。

子どもの観察力を簡単に磨く「カメラアイ観察法」

「自分の目で見たものを書く」というのは、意外にむずかしいことです。

ただ言葉で「自分の目で見たものを書きなさいね」と伝えたとしても、お子さんはいったい何をどう書けばいいのかわからず、戸惑ってしまうことでしょう。

そもそも**「自分の目でものを見る」ということ自体、意識しなければなかなかできない**ことです。

人間というのは、ものを見ているようで見ていません。

たとえば、あなたは、実物を見ないでミッキーマウスの絵を描くことができますか。誰もが知っているミッキーマウスの顔、あなたもその顔を思い浮かべることならできると思います。でも、いざ描こうとすると描けない。

あんなにも有名なミッキーマウスの顔なのに、目のあたりがどうだったか、鼻は、口は？——と具体的なパーツになると、ぼんやりとしか思い出せない。

ものを見ているようで見ていないとは、こういうことです。

ただ漠然と見ているだけでは、ものを見ていることにはならないのです。

ですから、まずは「自分の目でものを見る」というところから鍛える必要があります。漠然とではなく、意識してものを見ることを教える。**カメラのファインダーをのぞいて焦点を合わせるように、ものを見ることを教えればいい**のです。

では、具体的にどうすればその力は鍛えられるのか。

そのための訓練法を、ここでご紹介しましょう。

名づけて「カメラアイ」観察法。

焦点を合わせてものを見る、ということを体得するための訓練法です。

運動会の写真を「一枚選ぶとしたら？」――テーマを決めるコツ

今日、子どもが学校から帰ってきたら、おやつを食べながらでも、こんなことを試してみてください。

消しゴム（ペンでも、紙でも、布巾でも、何でもいいのですが）をつまんで、上から落とし、子どもに「**あなたは、何を見た？**」と聞きます。

おそらく子どもは、「いきなり何を始めたんだ？」と不思議そうな顔をしながらも、たいてい「落ちた」などと言うことでしょう。

そこで、お母さんはちょっと真面目な顔をして、もう一度「あなた自身の目では、何を見ていたの？」と聞いてみてください。

「落ちたに決まってるじゃん」

「何が落ちたの？」

「だから、消しゴムが落ちたんだよ」

さあ、ここからが重要です。

そのとき、お母さんは「それは、あなた自身の目で見ていたことではないよね」と言ってください。

「消しゴムが落ちた、それは単なる事実だよね。そういうことではなくて、**あなた自身の目で見たものを具体的に**言ってごらんよ」

そうすると、たいてい子どもは戸惑いながら、「ママの手から消しゴムが落ちた」とか、「ママの手から消しゴムがテーブルの上にポトンと落ちた」とか、あれこれ前後をくっつけて語ろうとします。

だいぶ描写が細かくなっても、まだ目的は達していません。満足しないで、もう一歩踏み込んで聞いてください。

「もしも、あなたが今の様子をカメラで写真に撮るとしたら、どこにピントを合わせていたのかな？」

「ママの指かな？」

「消しゴムの動きかな？」

「消しゴムが着地したところかな？」

「それとも、ママの表情かな？」

こんなふうにいくつかヒントを与えて、子どもの頭を刺激します。すると子どもはいろいろと考えをめぐらせて答えることでしょう。

たとえば、

「いったい何を始める気だろうと思って、ママの顔を見ていた」

「落ちた消しゴムがバウンドしてどこか行っちゃうんじゃないかって、はねた行方を目で追っていた」

「何かのゲームかな？　ウラがあるのかな？　と思って、ママの心を探っていた」

というように。ひょっとしたら、お母さんには思いもつかないほど意外なものを見ていたことがわかるかもしれません。

「ママが消しゴムを落とした」という事実はたった一つだけれど、**焦点をどこに合わせるかによって、こんなにもいろいろな見方がある**。

そのことに子どもが気づいたら、そこではじめて、作文を書くときに「自分の目で見たものを書いてごらん」とアドバイスしてあげればいいのです。

たとえば、運動会についての作文を書くのなら、

「運動会の写真を一枚だけ撮っていいとするよ。あなただったら、どの場面を撮る?」

「徒競走?　うん、それもいいね。じゃあ、徒競走のどこに焦点を合わせる?」

「一等になったのがうれしかった、ということに焦点を合わせたい?　なるほどね。それなら、一等になった瞬間に焦点を合わせるといいかもね」

「一等を確信したのは、いつだったのかな?　そのとき、あなた自身の目には何が見えていたのかな?」

子どもが体験した事実そのものではなく、その場面で実際に子どもの目には何が映っていたのか。

それを親子の会話を通じて引き出していくことで、**その子にしか書けない、オリジナルな作文を書く能力が培われていく**のです。

て
す

3章

ほかの言葉に言い換える――頭がいい子の習慣

「表現の幅」を広げると「人間の幅」もグンと広がる！

1 いい作文には「見たこと・聴いたこと・触ったこと」がある

「何を見たか」の次は「どう感じたか」——表現の幅は、こうして広がる！

うまい作文には、色があります。
音があります。
匂いがあります。
味があります。
感触があります。

要するにうまい作文には、**目で見たもの、耳で聞いたもの、鼻で嗅いだもの、口で味わったもの、皮膚で触れたものが書いてある**ということです。

五感をきちんと使って感じ取ったことが書いてある作文は、その場の状況がリアルに伝わってきます。だから、読む人を「うまい！」とうならせるのです。

もったいないことに、たいていの子どもは、作文を書くときに五感のうちほんの一つか、多くても二つしか使っていません。

それも、ほとんどは「目」、つまり視覚ばかりです。

前に、「自分の目で見たことを書く」ことが重要だと言いました。

視覚は、もっとも言葉にしやすい感覚ですから、前項で述べたように、まずは「何が自分の目に映ったか」を意識させることが大切です。

でも、目で見ることができるのは、色と形だけです。それをただ言葉にしても、おもしろみのない表現になりがちなのです。

そこで、その子にしか見えていないことを文章に書くときに、いかにほかの感覚を駆使し、言葉に置き換えるか――**表現の幅は、こうしてどんどん広がっていく**というわけです。

「ガ・ガ・ガ……」——音を使って表現力を高める法

匂いや感触が伝わってくるような表現——。たとえば、女の子の髪の毛を表現するとしましょう。

そのとき、目すらもきちんと使わずに、ただ「こげ茶色の髪」と情報のみを書いたとしたら、どうでしょうか。

その髪の毛をリアルに思い浮かべることはできません。

読む人が、髪の毛の様子をありありとイメージできるようにするためには、まずは目をしっかり使って観察する。そのうえで、**目以外で感じ取ったことを付け加えると、読む人にもっと明確なイメージを与えることができます**。

たとえば、匂い。シャンプーの香りがするのか、お日さまの匂いがしているのか。

それから、感触。どんな触り心地なのか。さらさらしているのか、ふわふわしているのか、ごわごわしているのか。

たとえば、こんなふうに書いたとしたら、どうでしょう。

　その女の子の髪の毛は、カリカリにトーストしたパンのはじっこのようなやわらかいこげ茶色で、ひなたぼっこの匂いがした。さわると、まるで昼寝をしている子ねこのように、あたたかく、ふわふわと柔らかだった。

その女の子の髪の毛ばかりか、姿まで目に浮かんできそうです。

ただ「こげ茶色の髪」というだけでなく、**五感のうち、まずは目をしっかり使って見て、それを表現する。鼻や皮膚をしっかり使って感じて、それを表現する。**

読む人に情景がリアルに伝わる、表現力の豊かな作文を書くためには、五感を存分に働かせて、言葉に置き換えるプロセスが必要なのです。

五感を言葉に置き換えると、表現の豊かさにどれほどの差が出るのか、いくつか例を見てみましょう。

家の前で工事をしていた。音がとてもうるさかった。

←

家の前で工事をしていた。「ガガ、ガ」という地ひびきがぼくの背中に、こだましました。

工事車両が行き来する音ではなく、電気のこぎりのキーンという音でもなく、おそらくはドリルか何かで地面に穴を開けている音、なのでしょう。背中にずんずんと響く、あのイヤな感じが伝わってきます。

先生の言葉に感動した。

↓

しずくが水面にぽたんと垂れて、そこからぼよよよんと輪が広がっていくような、そんな感じで、先生の言葉が心の中に静かに広がっていった。

先生の言葉が、心を激しく動かしたのか、鋭く突き刺さったのか、あるいは穏やかに広がったのか——。「感動」にもいろいろなタイプがある中で、その子がどんなふうに先生の言葉を受け止めたのかが、非常によく伝わってきます。

このように、**書く対象は同じでも、そこに五感を駆使した表現があるかどうかで、与える印象はガラリと変わってくる**のです。

「見た感じ」「触った感じ」を表わす練習――「りんご」で作文を書いてみる

表現力を広げるには、五感をしっかり使うことが大切だ、ということはおわかりいただけたと思います。

では、そのことを子どもに理解させ、実践させるには、どのようにしたら良いのでしょうか。

もちろん、

「目を使って、耳を使って、鼻も使って、口も使って、触ってみて、それで感じ取ったことを書くのよ」

と教えてあげれば良いのですが、**ただ言葉で言うだけでは子どもには理解しにくい**と思います。

五感を使うことを教えるために、私はよく「りんご」を使います。

りんごを一つ、ポンと子どもの目の前に置き、

「りんごについて、作文を書いてみようか」

と言うのです。すると、たいてい、子どもは戸惑います。

「何を書いていいか、わからない」

なんて言ったりします。

そうしたら、

「じゃあ、まずよく目で見てごらん」

「匂いをかいでごらん」

「なめてごらん」

「手に取ってごらん」

「落としてみてごらん」

などと、ヒントを与えていくのです。

お父さん、お母さんも、ぜひ試してみてください。

あるいは、子どもが何かを伝えようとしているときに、**五感を言葉に置き換えて伝えることを意識させる**のも、一つの方法です。

たとえば、子どもが「給食のカレーがおいしかった」と言ったとします。

「そう、よかったね」ですまさないで、こんなふうに聞いてみてください。

「おいしかったって言っても、ママにはどんな味だったか、全然わからないな。**あなたがおいしいって感じたのは、いったいどんなカレーだったのかしら？** ママもあなたがおいしいって感じるカレーをつくってあげたいから、どんなカレーだったのか教えてよ」。

子どもが、うまく答えられないでいたら、

「色は？　どんなふうだった？」

「具は？　何が入っていた？」

「味は？　舌にピリリとくる感じだった？　それとも、まろやかな感じだった？」

「食べたときの、舌の感触はどうだった？　うちのカレーは、タマネギをよく煮込んでいるからとろりとしているけど、もっとさらっとしたカレーもあると思うの。給食のカレーはどうだった？」

と、このように五感を使って「カレー」を表現する方法を具体的に導いてあげてほしいのです。

ちなみに、よく大人は「結論から言いなさい」と言いますが、作文を書かせるときには、絶対に言ってはいけない言葉の一つだと思います。

まわりくどいようでも、**感じたことすべてを表現させる**。削って、凝縮して、というのは、その次の作業です。まわりくどくても、まずはすべてを表現してからでなければ、作文はうまくなりません。

ここで、五感を存分に使って書いた作文を紹介しましょう。小学校三年生が書いた作文です。雨について書かれたものですが、ただ「窓を開けたら、雨が降っていました。大雨でした」と事実のみを書くのではなく、五感を使って雨を感じ取り、ていねいに描写しています。

「ポツポツポツポツ」

「ザーザーザーザー」

　カーテンを開けて、まどから見ると、空ははい色、少しぐんじょう色がまざったようなけしきだった。大ぶりになって、サンシャインが見えないくらいだった。

　雨がふっている。空が、悲しそうな顔をして下を見ているような気がした。地球の上の雲の顔が、わめいている。

「ウエーン、ウエーン」。

　神様が泣いた。雨がふった。神様がいかった。とてもくやしそうな顔をして。こまった顔をして。カーテンをしめても、雨の音と、雲の悲しそうな顔は見える。

外がくらい。中がくらい。雨がくらい。ぜんぶがくらい。

〈後略〉

「ポツポツ」「ザーザー」という雨の音、「ぐんじょう色」だったり「はい色」だったりする空の色……。

暗い、悲しい、大雨の日の様子が、**目に、耳に、肌に感じられます。**

2 いい作文は必ず「いい一行」から始まる!

「オーイ!」……「会話で始まる作文」は印象深い!

作文であっても、一つの作品である以上、書き手は「作家」です。

作家は、書き出しに勝負をかけるといいます。

同様に、作文がうまい子も、冒頭の一行に工夫をこらします。

作文がうまい子も、自分が作家であるという自負を持って、書き出しに勝負をかけているのです。

冒頭の一行で人の心をつかむことが、いかに大切かを知っているのです。

「本物の作家でもないのに、『冒頭の一行で人の心をつかむ』なんて、ハードルが高すぎて、うちの子には無理だわ」と思われる親御さんもいるかもしれません。

たしかに本物の作家ですら、冒頭の一行を書くのに生みの苦しみを味わうものですから、そう簡単なことではないことは事実です。

でも、じつは、**作文を書くうえで印象的な冒頭部分を書くためのちょっとしたコツがある**のです。

私は、国語作文教育研究所の生徒たちに、冒頭の一行で人の心をつかむためのコツは、「お・せ・つ・か・い」と教えています。

「おせっかい」とは、
①「お」↓音から入る。
②「せ」↓セリフから入る。
③「つ」↓つなぎ言葉から入る。
④「か」↓会話から入る。
⑤「い」↓意見から入る。
ということです。

頭のいい「冒頭の一行」――親が子どもに教える五つのコツ

今述べた「おせっかい」のワザを使わない例と、使った例とを対比させながら、順を追って説明しましょう。

①「お」の**音から入る**、というのは、擬態語や擬音語で始めるということです。たとえば、次のような具合です。

体育のとき、ドッジボールをした。
ボールがバシッと音を立てて、ぼくのかたにあたった。

←

バシッ。
ボールが、ぼくのかたにあたった。

②「せ」の**セリフから入る**、というのは、たとえばこういうことです。

今日、ろうかを走っていたら先生から「こら！ろうかを走るな！」とどなられました。

←

「こら！ろうかを走るな！」
いきなり先生からどなられて、ぼくは心ぞうが止まりそうになりました。

③「つ」の**つなぎ言葉から入る**、というのは、「だから」「そして」「もしも」といった言葉で始めるということです。たとえば、「もしも」という仮定の接続詞を使うと、次のような一風変わった設定で読む人の関心をとらえることもできます。

昨日、お花見をした。
満開の桜がとてもきれいだった。

←

もしも、色のない世界があったとしたら。
それでも私たちの目に、満開の桜はきれいに見えるのだろうか。
見えるような気がする。

④「か」の**会話から入る**、というのは、たとえばこういうことです。

運動会で、赤が勝ちました。
ぼくは「やった〜」とうれしくなりました。

←

「やった〜」
運動会で赤が勝ったので、ぼくはうれしく
なりました。

⑤「い」の**意見から入る**、というのは、たとえばこういうことです。

ぼくの住む町では、歩きながらタバコを吸ってはいけない、という決まりがある。
歩きながらタバコを吸うと通行人が危ない

し、そもそもタバコを吸うことは体によくないことだから、こういう決まりができたのだろうが、僕は反対だ。タバコを吸う、吸わないは本人の自由だと思うからだ。

←

　タバコを吸う、吸わないは本人の自由だと思う。

　ぼくの住む町では、歩きながらタバコを吸ってはいけない、という決まりがある。歩きながらタバコを吸うと通行人が危ないし、そもそもタバコを吸うことは体によくないことだから、こういう決まりができたのだろうが、僕は反対だ。

「音」「セリフ」「つなぎ言葉」「会話」「意見」。作文を書くときに、子どもにこの五つのポイントを意識させるだけでも、冒頭一文は**ぐっと印象的になる**はずです。

古典名作の「冒頭の一行」を親子で楽しむ法

いくら「おせっかい」のワザを身につけても、子ども自身、冒頭の一行がいかに大切かを実感していなければ、冒頭に工夫をこらすことはできません。

冒頭の一行がいかに大切か。それを実感するためには、家庭で、親子で、**一流の作家の作品の冒頭を読み、味わってみる**ことです。

私がおすすめするのは、たとえば、夏目漱石の『吾輩は猫である』の冒頭です。

吾輩は猫である。名前はまだ無い。

かなり有名な冒頭ですから、ご存じの方は多いでしょう。

「吾輩は猫である」とは何とも単純明快で、「味わいもへったくれもないじゃない」と思われる方もいるかもしれません。

でも、じつはこの冒頭は、わかりやすいようでいてわかりにくい深い意味を含んでいます。**親子で味わうに値する名文**だと言えます。

「吾輩は猫である」という言葉は、「ぼくは、ぼくなのだ」という発見――つまり自我の目覚めを表わしています。

「吾輩は猫である」という宣言、これは「ぼくは、ぼくなのだ」という宣言です。理由もない。人に言われたのでもない。

「吾輩」が、自分のことを「猫」だと思った。それが、すべてなのです。

この宣言の持つ意味を、親子でしばし考えてみてください。

あるいは、子どもに「あなただったら、ぼくは○○である、と言う？」と問いかけてみてもいいかもしれません。

「ぼくは人間である」「ぼくは子どもである」「ぼくは小学三年生である」「ぼくは男の子である」あるいは「ぼくは、野球チームのピッチャーである」――さまざまな

「ぼく」がいることに気づくはずです。

でも、そのうちのどれが「ぼく」なのでしょうか？　どれもが「ぼく」であるけれども、「ぼく」そのものではありません。やはり、「ぼくは、ぼく」なのです。

こうして、**たったこの一行からでも、どこまでも親子の会話を広げていくことはできる**はずです。

もちろん、どの作品を選ぶかは、お父さん、お母さんにお任せします。でも、もし何を読ませたらいいか迷ってしまったら、まずは、この名作のこの一行だけを、親子でじっくりと味わってみてください。

冒頭一行の味わい方をお話ししたところで、一つ、「おせっかい」のワザで魅力的な冒頭になっている作文を紹介しましょう。小学校三年生の作文ですが、「もしも」というつなぎ言葉」を使って、読む人をぐっと引きつけています。

もしも、うまれたときからひこうきにのっていて、死ぬまでのりつづけろといわれたら、どうなのだろうか。

さわいじゃいけない。でも、すきなだけ食べられて、あそべる。

それって平和なのかなあ。

わたしにとってはやだ。

美しい空は見えるけど、自ぜんは見えない。ぜんぶ、空空空。

しかも、家のあたたかい空かん、あいらしいかんじょうをあたえられずに死ぬなんて、考えるのもや。

また、ず〜っとスチュワーデスにせわしてもらって一生をすごしたくなんかない。

でも、そんなこと考えたってむだ。

生まれたばかりの赤ちゃんは、外のせかいをみたことがないんだもん。それじゃあ、いやだとかいいとかわからない。
わたしは、少し赤ちゃんがおそろしくなってきた。
だって、生まれてきたばっかりの時にやなとこにきたって、そこでそだてりゃあたりまえになってしまうから。

（後略）

「生まれたときから飛行機に乗っていて、死ぬまで乗りつづけろと言われたら」という荒唐無稽な設定が、読む人の興味をそそります。

この冒頭の一文には、思わず**「じゃあ、私だったら？」と考えてみたくなるような、そんな魅力にあふれています**。

このように、先に「もしも」を使って突飛な設定を考えてみると、読者を一瞬で引き込むような冒頭一行を書くこともできるのです。

3 いい作文は必ず「人をドキリとさせる表現」がある！

「すごいっ」……読む人の心を「わしづかみにする表現」

作文がうまい子は、言葉に力があります。

言葉の力でもって、読む人の心をつかみます。

広告やテレビのコマーシャルの世界では、いかに人の心をつかむか、ということが最大のテーマです。

ただ漠然と商品の説明をしているだけでは、人の目にとまりません。

人の目にとまらない広告やＣＭなんて、そこらの風景と同じです。そんなものは、広告やＣＭの意味を成しません。

キャッチフレーズや映像を工夫して、「えっ？」と驚かせたり、クスッと笑わせたり、「何だろう？」と不思議に思わせたり、ジーンとさせたり。

人の心のつかみ方はさまざまですが、いずれにしてもまずは人の心をギュッとつかんで、興味関心を持ってもらってはじめて、「では、その商品はどうなのか」というスタート地点に立てるのです。

作文も、同じです。

作文ですから、**大事なのは、やはり言葉**です。作文を「うまい！」と評価されたいのならば、「言葉でいかに人の心をつかむか」を念頭に置かなければなりません。

そもそも、うまい作文とは、いったいどんな作文でしょうか。

きちんとした文章でつづられている作文？

出来事や気持ちがくわしく正確に記されている作文？

いいえ。そうした作文は「じょうず」かもしれませんが、「うまい！」と人をうならせる力はありません。

うまい作文とは、何だかわからないけれど、言葉に力がある作文。
言葉の力でもって、人の心をつかむ作文なのです。
では、いったいどんな言葉が人の心をつかむのでしょうか。

一つは、**新しい言葉**です。
もう一つは、**意外性のある言葉**です。

広告やテレビのコマーシャルでも、今まで見たことのない美少女を起用すると、「あの子は誰?」と、テレビ局に視聴者からの問い合わせが殺到すると言います。これもコマーシャルを制作する側のねらいどおりなのでしょうが、それほど「新しさ」というものには、人の心をつかむ力があるのです。

あるいは、これまで上品なイメージで売っていた美人女優に、いきなりふざけた格好をさせてとぼけた演技をさせたりします。この場合も、その意外性でおおいに人気が出るそうです。

言葉も、同じです。

新しさや意外性は、人の心をつかむ大きな武器になるのです。

「新しい言葉」「意外性のある言葉」と言っても、にわかにはイメージしにくいことと思います。

具体的に説明する前に、まず、「新しい言葉」「意外性のある言葉」とは逆に位置する言葉――つまり、「古い言葉」「当たり前の言葉」のほうから説明していきましょう。古くさい言葉、当たり前の言葉がわかれば、新しい言葉、意外性のある言葉も理解しやすいからです。

いわゆる「作文的な言葉」というものがあります。

作文で使われがちな言葉。先生や大人に受けそうな言葉。**ふだん、そんな言葉は口にしないのに、作文となると、判で押したように使ってしまう言葉**です。

たとえば、

「目標に向かってがんばります」

「有意義な学校生活を送りたいと思います」

といった「いい子」の表現。あるいは、「努力」「希望」「根性」「反省」「協力」といった美辞麗句。またあるいは、「力を合わせて」「力いっぱい」「思いやりが大切」といった、どこかの標語のような言葉……。

すべて、ふだんは使わないのに、なぜか作文となるとよく使われる言葉です。こうした「作文的な言葉」は、使ってはいけないというわけではありません。ときには、こうした言葉がもっとも適した文脈というものも、あることでしょう。問題は、**あまりにも長い間、あまりにも当たり前に使われすぎている**、ということです。言ってみれば、「書いておけばいい」というような、便利な言葉になってしまっているのです。

ですので、たいていは書いてあっても新しさも意外性もない。結果、読む人の心に響かないのです。

「ママの小言はクレッシェンド」――「意外な言葉」を組み合わせる！

いわゆる「作文的な言葉」が古い言葉、当たり前の言葉だということは、前項でおわかりいただけたでしょうか。

だとすると、対する新しい言葉、意外性のある言葉、いわば「非作文的な言葉」とは、たとえば、次のような言葉です。

①これまでとは違った、新しい使い方をしている言葉。
②意外な言葉同士を組み合わせて、独特の意味を持たせた言葉

――要するに、あることを説明するのに、まったく別なものを引き合い出す**「比喩」を使う力をつける**、と言い換えてもいいでしょう。

①について、例をあげましょう。

たとえば、**学芸会のことを書くのに、「化学」の言葉**を引き合いに出してみる。

　ナトリウムは、何か別の物質と化合することで存在が可能になるという。

　ぼくの気持ちも、まさにナトリウムだ。

　芝居の幕が上がろうとしているとき、石岡くんが『がんばれよ』とぼくの肩をたたいた。そのし激によってぼくの気持ちと芝居の役がらとが化合した。


遠足のことを書くのに、「医療」の言葉を引き合いに出してみる。


　重くたれ込めた空にメスを入れたとたん、雨粒がパラパラと音を立てながら落ちてきた。

　ぼくたちは、あわててて弁当箱をリュックにしまい、残念な気持ちにほうたいをぐるぐる

と巻いて見えないようにした。

家族のことを書くのに、「音楽」の言葉を引き合いに出してみる。

ママのお小言はクレッシェンドだ。
だんだんと強くなっていく。

そういえば、人の表情を表わすのに「晴れ晴れとした」とか「曇っている」といった言い方をしますが、あれも、もともとは「気象用語」です。

今では誰もが使う表現になっていますが、誰かが使いはじめた当初は、さぞインパクトがあったことでしょう。

次に、②について、例をあげましょう。

「後ろ向きの悲鳴」——。

これは、私が主宰する国語作文教育研究所の子どもが書いた作文にあった言葉です。人間、つねに前に向かって生きていくものだ、生きていくべきだといわれる世の中において、立ちすくみ、おびえている様子がうかがえる言葉です。

「それはイヤだ」「放っておいてよ」と叫ぶことすらもできない、暗く閉じ込められた思いが、「前向き」ならぬ「後ろ向き」にベクトルを向けてしまっている。そんな様子が伝わってくる言葉です。

「後ろ向き」と「悲鳴」。

「後ろ向き」は方向を表わす言葉ですし、「悲鳴」は声の種類を表わす言葉です。ふだんくっつけて使うことはない、言ってみればまったく別のジャンルの言葉です。

でも、それを組み合わせることによって、何とも不思議な味わいのある言葉が生まれました。

正直、作文全体としては、わりに平凡な内容だったと記憶しています。

それでも、「後ろ向きの悲鳴」、**この言葉一つ入ることによって、この作文は「うまい」作文に変身を遂げた**のです。

「本を読む親の姿」は、子どもにとって最高の先生

比喩力、人の心をつかむ言葉を生み出す力を育てるのに、じつは決め手となるようなコツはありません。こうした能力は、さまざまな人生経験が積み重なって培われるものであり、ハウツー化することができないのです。

ですから、大切なのは、ふだんからできるだけ、興味の幅を広げてあげることです。それには、やはり家庭で、**親が率先して子どもといっしょに学んでいく姿勢が大切**です。そして、子どもとともに言葉に対する嗅覚をとぎすましていくことです。

親が本を読む家庭は子どもの成績がいい、という調査結果もあります。家の中につねに本が置いてある環境、親が本を呼んでいる姿が、いかに子どもに影響を与えるか、ということを証明していると思います。

逆に、子どもの成績が悪いのは、親がワイドショーばかりを見ている家庭だそうです。しかも、あろうことか、こうした家庭ほど「勉強しろ」という小言が多いそうな

のです。
親が口で言うだけではダメだということが、よくわかる調査結果でしょう。子どもは親の背中を見ている。親御さんはそのことを肝に銘じる必要があるのです。

一つ、言葉の嗅覚を養う「教材」として私がおすすめするのは、歌の歌詞です。**短いフレーズで心の内を表現する歌詞には、言葉に対する嗅覚をとぎすますうえで、たくさんのヒント**があります。

たとえば、中島みゆきさんというシンガー・ソングライターがいます。彼女がつくる歌の歌詞には、人の心をつかむ言葉がたくさん散りばめられているように思います。

もちろん、中島みゆきさんの歌だけでなく、最近の流行歌でも「言葉を聴く」という意識を持って聴いてみると、なかなかうまい表現がたくさん発見できると思います。

あまりよく知らない方は、子どもに聞いてみると、はりきっていろいろ紹介してくれるかもしれません。

私も、生徒たちからおすすめの歌手や歌を教えてもらっています。

親子でCDを聴きながら、ただメロディを聴き流すのではなく、歌詞をじっくり楽しんでみるのもいいでしょう。

ここで、**鋭い表現を使うことでグンと魅力的になった作文**を紹介しましょう。小学六年生の女の子が書いたものですが、全宇宙の存在を「型」と「中身」の関係にたとえた、たいへん興味深い作文になっています。

　「型の中にある中身」

　今、地球には型とその中身しかないと思う。中身が型に入らなければ、中身が型にあわせる。または型を大きくする、変えるといった方法もある。

　洋服と人の場合、これは洋服が型であり、中身が人である。

　人にはあう洋服、あわない洋服がある。これはいくら同じ体積でも、紙の入るファイルに小さいサイコロがはいらないような事。小さい筆箱にボールがはいらない。これがふとって、あるいは成長して洋服がはいらなかったようなものだ。

（中略）

地球上はすべて、型と中身の関係。大きい所からいくと、宇宙の中身は、星、地球、人、物。私達の知っているもののすべてだろう。大気けん内つまり大気けんが型であり、中身はその中にある物すべてだ。

大きいビルの中身はなんだろう。オフィスビルなら机、いす、人など、住居であれば、やかんやフライパン、ソファといった物もあるかもしれない。そして型のなかに型がある。

私は型がきらいだ。宇宙の果ての、何もな

い、とうめいな世界で、型にはまらずいきてゆきたい。せめて、宇宙くらい大きい方で生きないといやだ。
　私も型ではある。肉、野菜を食べれば、その食べた物の型になる。しかし私は中身である。地球上にいるすべての人間が、型であり、中身なのだ。ここまでくるときらいとは言えない。私は、あくまで私が好きだから。

（後略）

この子は、地球上はすべて型と中身の関係であることに気づきました。そして、型にはめられたくないという思いが生まれ、さらに自分自身は中身であり同時に型である、と思い至ったのです。
「今、地球には型とその中身しかないと思う」という一行に、**思春期の少女らしい、繊細かつ鋭敏な思いが込められた作品**です。

4章

語彙力――「言葉の数」はそのまま「夢の数」だ！

親が子どもに教える「感性・センスの磨き方」

1　自己表現がうまい子は「知っている言葉」が多い

「はにかむ」「照れる」……語彙《ごい》が多い子は「人生の引き出し」が多い

作文がうまい子は、**たくさんの言葉を知っている子**です。

当たり前のようですが、忘れられがちなことです。
ですが、とても大事なことです。

作文というのは結局のところ、言葉の集合体だからです。言葉を集めて、人に自分の思いや意見を伝える手続きが、作文なのです。

言葉をどう選択するか、どう使いこなすか、どう組み立てるか――いい作文とは、こうした試行錯誤の末に生まれるものなのです。

だとしたら、言葉を知らないよりは、知っているほうがいい。

それも、できるだけたくさんの言葉を知っているほうがいい。

言葉に貪欲であること。

うまい作文を書くうえで、それは基本です。

実際、たくさんの言葉を知っていると、作文に深みが生まれます。

そもそも人間は、言葉を使って考える動物です。ということは、**言葉を多く知っていれば知っているほど広く深く考えることができる**。だから、書くものにも自ずと深みが生まれるのです。

たとえば、「はにかむ」という言葉がありますが、この言葉を知らなければ、人は「はにかむ」ことはありません。

人前で先生にほめられたときの、あのうれしいような恥ずかしいような感情を「はにかむ」と表現できるのは「はにかむ」という言葉を知っている人だけです。知らなければ、ただ「恥ずかしい」とか「照れる」という言葉で、大ざっぱに分類するしかないのです。

そのことに関連して、最近の子どもは「むかつく」とか「うざい」などわずかな言葉のみで自分の感情を分類しているようで気になります。

先生に叱られたのも、親が欲しいものを買ってくれなかったのも、友だちから無視されたのも、すべて同じ「むかつく」。

言葉の貧しさが、感情の貧しさにつながっているようです。

彼らが「悔しい」とか「切ない」「むなしい」などの言葉を知っていれば、もう少しは短絡的な言動が抑えられるのではないか、と思えてなりません。

私は長年、いじめ・少年犯罪など青少年や親子、教育に関する諸問題に一貫して取り組んできました。

その結果、一つ確信しているのは、罪を犯す青少年の多くが「表現力」に問題を抱えているということです。表現したい気持ちがあるにもかかわらず、それをうまく表現できない、あるいは表現しても伝わらないときに、犯罪という極端な「表現」に走ってしまう場合があるのです。

逆に考えれば、自分の気持ちをうまく、人に伝わりやすい形で表現することができるならば、多くの青少年は罪を犯さないですむと言ってもいいでしょう。

犯罪というと少し極端かもしれませんが、表現する力がいかに大切かは、おわかりいただけたのではないでしょうか。

「そもそも」「要するに」……意識して「大人言葉」を使ってみよう

たくさんの言葉を知っている子は、大人から見て、**いわゆる「生意気な子」**でもあります。

と言うと、まゆをひそめる親御さんは多いかもしれません。

「生意気な子なんて、イヤだわ」「子どもは子どもらしくなきゃ」――とかく日本は、幼さを過大評価し、素直・従順を良しとする価値観が根強い国ですが、それも考えものです。

実際、作文をはじめ、すべての学びの場において、子どもが生意気であることは重要です。

子どもに表現する力をつけ、能力を存分に育てるには、子どもが生意気になることを恐れてはいけません。**むしろ生意気に育ててください**、と言ってもいいくらいです。「生意気」という言葉に抵抗があるのなら、背伸びをする子、と言い換えてもいいでしょう。


たとえば、ふだんからちょっと大人びた話し方をする子がいます。小学校低学年なのに、「しかも」「ちなみに」「そもそも」「要するに」など、大人がよく使うような言い回しを好んで使う子です。

私が主宰する国語作文教育研究所にも、そんな子がいます。まだまだ赤ちゃんぽさの抜けない、ぷっくりしたほっぺの一年坊主なのに「しかも、さあ」とか「ちなみに、ねえ」などと、一人前の口を利くのです。

おそらく、大人の会話やテレビのニュース番組などでそうした言葉を聞きかじっては、さっそく使ってみるのでしょう。ときに言葉の意味を取り違えていたり、使い方が間違っていたりもするのですが、それでも臆することなく、どんどん新しい言葉を仕入れては使っています。

こうした表現をする子に対する好き嫌いは、分かれるところでしょう。

でも、こうした子がなかなかうまい作文を書くのです。

何と言っても、小学一年生にして「ぼくの価値観は」などと書くのですから、それだけでも「おっ？」と目を引きます。

作文というのは、言葉の集合体ですから、**読む人の目を引く言葉が一つ入っているだけでも印象は大きく変わります**。

「おぬしできるな？」と人に思わせる、それだけでも、うまい作文の条件を一つ満たしているのです。

マナーしかり言葉しかり、食卓では「子どもも大人扱い」

背伸びする子を育ててください、なんて言うと、「背伸びすることが大事って言ったって、うちの子、むずかしい言葉なんて知らないし……」というお母さんのつぶやきが聞こえてきそうです。

でも、あえて厳しいことを言わせてください。

子どもが言葉を知らないのは、親の責任です。

「うちの子、語彙が乏しくて」とぼやく親御さんは多いのですが、では、子どもの語彙を増やすために何らかの努力をしていますか、ということです。

語彙を増やすためには、本を読む。そう信じて、しきりに子どもに読書をさせようとする親御さんは多いことでしょう。

もちろん、読書も一つの方法ですが、もっと大切なことがあります。

それは、子どもが覚えたての言葉を実際に使ってみる、そのような環境を作るということです。

言葉というものは、机上の勉強で身につくものではありません。

これは、英語を例に取って考えてみると、よくわかります。

中高の六年間、大学まで入れれば十年間、英語を習っても、結局、ほとんどの人が英語を話すことができません。

それより一年でも二年でも外国で暮らして、英語を使わざるを得ない環境にいたほうが、よほど英語を話せるようになります。

はしの持ち方など、食卓のマナーもそうですが、**言葉というものは使ってはじめて身につく**のです。

本を読んで知っていても、それを実際に使う経験がなければ、すぐに忘れてしまいます。ですので、子どもが言葉を知らないのは、言葉を仕入れ、使ってみる環境が与えられていない、つまり作文力を伸ばす環境が与えられていない、ということです。

要するに、家庭の、親の責任なのです。

親子の会話が「一日三十以下の子ども」は、成績が悪い？

子どもが言葉を吸収していくには、何より親との会話が大切です。

夕べから今朝にかけての親子の会話を振り返ってみてください。

「早く、早く」

「あれしなさい、これしなさい」

そんな決まり文句のみで過ごしていませんか。

あるいは、

「宿題は？」

「やった」

というような、単調なやりとりだけで終わっていませんか。

以前、私が行なった調査では、日本の家庭の親子の会話数は、一日平均三十会話でした。

少ないうえに、その内容も乏しいと言うほかなく、「これやったの？」「あれやったの？」といった具合に、子どもの行動を管理する一方通行の会話ばかりでした。会話とはとても呼べない、そんな寒々しい言葉ばかりというのが現実だったのです。

日本の親は、子どもが小さいときはあれこれ話しかけるけれども、子どもが自分でものを言うようになると、とたんに会話が少なくなる傾向があるようです。

もちろん、中には「うちは三十会話よりはるかに多くの会話を交わしている」という親御さんもいるかもしれません。

でも、子どもに話すときに、大人に話すときとは違う「わかりやすい言葉」で話す習慣はありませんか？

親子のコミュニケーションを図りやすくするためかもしれませんが、じつは、その習慣こそが、子どもの語彙を乏しくする大きな要因となっているのです。一見、子どものためになっているようですが、むしろ子どもの可能性を閉ざすと言ったほうがいいでしょう。

子どもは多少、背伸びさせたほうが伸びるからです。

言葉は、聞いて、使ってみて、はじめて自分のものになります。わかりやすい言葉しか聞いたことがないのなら、いつまでたっても子どもは現在のレベルから脱却できません。ですから、あえて、むずかしい言葉で語りかけ、**言葉のうえでは子どもを大人扱いする**、そういった習慣が家庭には必要なのです。

子どもの作文力を伸ばすためには、子どもが生意気になることを恐れたり、嫌ったりしないでください。

新聞は「言葉の宝庫」——親が最低限、子どもに教えたいこと

子どもの語彙を豊かにするために、具体的にどのようにすれば良いのでしょうか。

まずは、先ほどもお話ししたように、子どもを子ども扱いしすぎないこと。

赤ちゃん言葉はもちろん言語道断ですが、「子どもには、ちょっとわかりにくいかな」という言葉をあらかじめ翻訳して話す必要もありません。

大人に対するのと同じ言葉を使ったうえで、もし子どもに通じなければ、そこで意味を説明すればいいのです。

お母さんが意識して、日常の会話の中で、**ちょっとむずかしい言い回しの言葉や熟語、四字熟語、ことわざを使う**ようにしてください。たとえば、

「お母さん、こう思うよ」ではなく、「私の価値観はね」。

「ショックだわ」ではなく、「痛恨の極みだわ」。

四字熟語やことわざなども、日常の会話の中で、どんどん取り入れてください。

「起きなさい！」ではなく、「そろそろ起きたら？　早起きは三文の徳っていうのよ」。

「気をつけてね」ではなく、「急がば回れの精神で、いってらっしゃい！」。

などなど、日常会話の中に、**少しハードルの高い言葉をちりばめる**のです。

子どもが「かちかん？　何それ？」などと質問してきたら、親が自ら意味を教えてあげてもいいし、「辞書で調べてごらんなさい」と、対応するのもいいでしょう。

とにかく意識して、生活の中にたくさんの言葉を取り入れることです。

新聞、雑誌、テレビ、ラジオなどにも、語彙を増やす素材はいくらでも転がっています。ときには、親でもよくわからない言葉に出会うこともあるでしょう。親だって完璧ではないのですから、仕方がありません。

ニュースで耳にして、新聞で目にして「あれ？　この言葉、どういう意味だろう？」と思う言葉があったら、**子どもといっしょに調べてみればいい**のです。

子どもとはおもしろいもので、親が学ぼうとしていると、それを先取りして学んで自慢したがる習性があります。

そんな子ども心を刺激するのもいいでしょう。まずは、子どもといっしょにニュース番組を見る、というあたりから始めてみてはいかがでしょうか。

子どもが小学校高学年ならば、もう一つ、おすすめの方法があります。

やり方は簡単です。

「天声人語」や「編集手帳」など、新聞のコラムを最初から一言一句、子どもに書き写させます。**習っていない漢字もそのまま、意味がわからない言葉があってもそのまま、とにかく書き写します**。二十分たったら、たとえ途中でも、そこでやめます。

それだけです。

この訓練を毎日やっていると、次第に早く書き写せるようになります。はじめは、ひと言ずつ書き写していたのが、慣れてくると二行、三行と覚えて書き写すことができるようになるからです。

そのうちに、漢字や言葉、文章のテンポなどが身についてきます。

子どもの言葉を増やすのに、この訓練は効果てき面なのです。

本当は毎日やるのが理想ですが、今の子どもは何かと忙しいでしょうから、夏休みなどを利用してやってもいいでしょう。

2　自己表現がうまい子は「親がよく本を読む子」

食卓・本棚……「頭がいい子が育つ家」には条件がある！

作文がうまい子には、「本との付き合い方」に三つの共通点があります。

1、作文がうまい子は、**親が本を読む子**です。
2、作文がうまい子は、**考えるために本を読む子**です。
3、作文がうまい子は、**家に本棚がある子**です。

最初の「作文がうまい子は、親が本を読む」。この項目については、何となくおわかりいただけると思います。

子どもに本を読ませたいならば、まずは家庭に本を読む雰囲気があるべきだからです。親が本を読まずに、子どもにばかり「読め、読め」と言っても、それは都合が良すぎるというものでしょう。

たとえば、食後のテーブルで、家族がそれぞれ自分の好きな本を広げる。テレビの音もゲームの電子音もしない、そんな静かな時間がある。

子どもは、親の背中を見て育ちます。子どもに本を読ませたいならば、親が努めて本を読む習慣を心がけてほしいものです。

二つ目の「作文がうまい子は、考えるために本を読む子」。

まず、作文がうまい子は、例外なく本を読む子です。ただし、**単に本を読んでいる子が、すべて作文のうまい子かと言えば、そうとは言えない**のです。

この本を読んでいる親御さんの中にも「うちの子は本が大好きなのに、どうして作文がうまくならないんだろう」と思っている人は多いのではありませんか？

本を読みさえすれば、作文がうまくなる。それも、たくさん読めば読むほど、作文はうまくなると思っていませんか？

じつは、それは事実ではありません。

ついでに言えば、本を読めば読解力が身につく、というわけでもありません。

もちろん、これらは密接に関係していますが、ただ読めば、作文がうまくなり、読解力がつくというものではない。**読み方が問題なのです**。

本を読むといっても、いろいろな読み方があります。

①知識を得るために読む。
②教養を高めるために読む。
③流行を知るために読む。
④娯楽のために読む。
⑤考えるために読む。

このうち①〜③は、本から何かを得るための読書。いわば情報収集的な読書です。

しかし④と⑤は、少し違います。情報収集のためではありません。

まず「娯楽のために読む」ですが、こちらはテレビや映画を見たり、ゲームに興じたりするのと同じと考えてください。

ワクワク、ドキドキのストーリーを楽しんだり、カッコイイ主人公にときめいたり、推理小説の謎解きに熱中したり。今、流行りのシリーズもののジュニア小説などを読むというのは、たいていこちらの読み方です。

分厚い本を子どもが読みふけっていると、「うちの子は読書家だわ！」などと喜ぶ親御さんは多いかもしれません。でも、それは、今お話ししたような「娯楽のための読書」である限り、「作文力」をつけるという意味では、ちょっと的外れです。

もちろん、そういった本は、娯楽としてはすぐれています。日本中、いや世界中の子どもたちの心をつかんでいるのですから、素晴らしいと思います。

でも、そういった本を読むことで「作文力」が育つかというと、残念ながら、そんなことはないのです。

ただストーリーを追うだけの読書には、「考える」チャンスがないからです。作品そのものに、「考える種」がしかけられていないからです。

もちろん、絶対にないとは限りません。どのような作品であっても、人は考えるチャンスに出会うことはあります。その逆に、どんなに素晴らしい作品であっても、考えるチャンスに出会わずに終わることも多い。

ですが、「あ～楽しかった」で完結してしまう読書は、頭の中を素通りしてしまうだけで、それをきっかけに「考えること」は、ほとんどないと言っても過言ではありません。

頭のいい読書術――「とっておきの一行を見つける」読み方

「考える」、それは「自分と対話をする」ということです。

本を読んで、自分だったらどうするか、**自分に置き換えて考える。**

作者は何を伝えようとしているのか、**自分はそれをどう受け取ったのかを考える。**

受け取った結果、**自分はそれをどう判断するのかを考える。**

作文力とは、こうした「考えるための読書」をしてこそ、身につきます。

では、「考えるために読む」とは、いったいどういうことでしょうか。

私はよく、私の生徒たちに「小学校を卒業するまでに、学校の図書室にある本、全部読め」と言います。

こんなことを言うと、「えーっ、そんなのうちの子には無理だわ」という声が聞こえてきそうです。実際、私の生徒たちも口々に「え〜」「いやだあ」「そんなの無理」と言いますが、私は、その後に続けて必ず、こう言うのです。

「最初から最後まで全部読め、って言っているわけじゃない。タイトルだけでもいい。目次だけでもいい。ぺらぺらとページを繰ってみるだけでもいい。たった一行だけでもいい。**心に引っかかった言葉、これは！　と思う言葉を『考える材料』にするのなら、それは読むことになるんだよ**」

「考えるために読む」ためには、必ずしもストーリー全部を追う必要はありません。むしろ大切なのは、一冊を読破することではなく、たとえ一行でも一文でも、あるいはタイトルだけでも、何かしら心に引っかかる部分を見つけ、それについて考えつづけることなのです。

その本の中の一行に心の底から深く納得したり、「どういう意味なんだろう」と問いつづけたり。そういう読書こそが、子どもの成長に役立つのです。


この考え方でいけば、たとえば、いつか読もうと思って買っておいた本が本棚に並べてある、その背表紙を眺めているだけでも、その本を読んだことになるわけです。

一流の作家は、一冊の本を書き上げるに匹敵するくらいの知力を使ってタイトルをつけます。言いたいことのすべてがタイトルに凝縮されていると考えても過言ではありません。

それほど作家の魂のこもったタイトルを味わうだけでも、ある意味では、本を読んだことになるのです。


そこで、この項の冒頭にあげた「作文のうまい子の共通点」の三つ目、「**本棚がある**」ということが非常に大事になってきます。

タンスや冷蔵庫のように、あって当たり前のもの。なくては困るもの。

そう思っていただけたならいいのですが、その思いとは裏腹に、じつは最近、本棚がない家庭が増えているそうです。

本を読まないのは論外ですが、本を読むという家庭ですら、「場所を取るから、本を買ってもすぐに処分してしまう」あるいは「本は図書館で借りてくることにしている」などの理由で、本棚は必要ないと考える家庭が増えているそうなのです。

ある意味、合理的な考え方かもしれませんが、「考えるために本を読む子」に育てるためには、「家に本棚がある」ことが必須条件です。

すでに読んだ本、これから読む本。**とにかくたくさんの本が、つねに目に触れ、身近にあるという環境が大切**だからです。

私の場合で言えば、二十年以上前のことですが、『二十歳の原点』という本のタイトルに心を奪われました。

これは、一九七〇年代に若者たちの間でベストセラーになった本で、学生運動が吹き荒れている時代、二十歳だった著者・高野悦子氏によって記された青春の日記です。大学三年生だった高野氏が鉄道自殺で命を絶った後、父親によって出版されました。

本の内容についてはここでは触れませんが、とにかく私をとらえたのは、タイトルにある「原点」という言葉です。

原点とは、何なのだろうか。私の原点は、どこにあるのだろうか。

今も、心の中にその問いは存在しています。これが、まがりなりにも子どもたちに「表現する力」を指導する今の私につながっていると言っても、過言ではありません。

つねにたくさんの本が目に触れる、本が身近にある環境をつくる。これはすなわち、**子どもが読書を通じて、自ら「作文力」の素地を培っていく環境**を作る、ということなのです。

「朝起きて、○○になっていたら?」――カフカ『変身』式文章術

「考えるために本を読む子」は伸びる！

私がこういう話をすると、必ずと言って、「では、考えるために本を読むには、どんな本が良いのですか」と聞いてくる親御さんがいます。

もちろん、それは一概に言えるものではありません。ただ、こうしたアドバイスを求められたときには、私は、**タイトルあるいは冒頭の一行で、その本のすべてを表わしている本**をおすすめしています。

たとえば、カフカの『変身』。

もちろん、見た目がいかにもむずかしそうな本ですから、よほどの本好きでもない限り、自分から手に取る子どもは少ないでしょう。

ですので、ここはお母さんかお父さんが、この本を紹介してあげてください。

子どもが自分では選びそうにない本を取り上げ、いっしょに味わうことで楽しみを教えるというのも、なかなか学校の先生にはできない、**親にしかできない仕事**です。

「この本はね、フランツ・カフカといって、二十世紀の最初のほうに活躍したチェコ人の作家の作品なの。ドイツ語で書かれているのよ。とても有名な作品だから、タイトルと、はじめのところだけでも知っておいたほうがいいと思うよ」

そういって、冒頭の一行を読み聞かせてやってください。


ある朝、グレゴール・ザムザがなにか気掛かりな夢から眼をさますと、自分が寝床の中で一匹の巨大な毒虫に変わっているのを発見した。


これが、かの有名な『変身』の冒頭です。

読み聞かせてやるのは、この鮮烈な一行だけでいいのです。こうして印象的な一文を、子どもの心のどこかに引っかかるようにしてやることが、親として、やがて大きな実を結ぶ種を子どもの頭にまくということなのです。


私の授業でも、しばしば今の『変身』の一文を取り上げます。

おもむろに本を開き、この一行を紹介し、子どもたちにこう問いかけてみるのです。

「**もし朝起きて、虫に変身していたらどうする？**」

すると、子どもたちは、じつにさまざまな反応を示してくれます。たったの一行であっても、「もし、私だったら？」とちょっとわが身に照らし合わせてみたくなる。**『変身』の冒頭には、そんな魔力がひそんでいる**のでしょう。

授業では、「じゃあさ、もしゴキブリだったら？」「ハムスターだったら？」とか「すっごい美人になっていたらどうする？」「女の子に（あるいは男の子に）なっていたらどうする？」など、どんどん会話を発展させていきます。

そのうちに、「もし、ぼくだったら、これこれこうして、ああして」など、物語を作りはじめる子が出てきたりもします。

ある日の授業では、

「お母さんって、毎日お化粧してるけど、あれも変身の一種かな」

「ダイエットも、そうかも」

「美容整形って、変身だよね」

「もしかして、人間はみんな変身願望を持っているのかな」

冒頭のたった一行から、こんなに深いところまで掘り下げることができました。

これを家庭でもやってみるといいのです。

「朝、起きたら、虫になっていたんだって。あなただったら、どうする？」

子どもは、いったい何と答えるでしょうか。

そこから、どのような会話が生まれるでしょうか。

本を開き、心に引っかかるほんの一行だけを読んで、会話を発展させていく。

これだけで、この本を「読んだ価値」は、十分すぎるほどあるのです。

もちろん、子どもが一冊を読破したいと言うなら、与えてください。でも、本というものは、必ずしも全文を読む必要はない、ということはぜひ覚えておいてください。

実際、カフカの『変身』はかなり有名な作品ですが、そのストーリーを最初から最後まで言える人は少ないでしょう。

ちょっとしたインテリであっても、「カフカの『変身』？　ああ、朝、起きたら虫になっていた、っていう小説ね」

こんなものです。

でも、それでいいのです。虫に変身していた——そのことから、いかようにも思考を発展させていくことはできるのですから。

考えるために本を読むというのは、一冊を読まずとも、心に引っかかる一行を、じっくりと吟味するということなのです。

「ひとまず読んでおけ」とばかりに一冊を流し読みするより、こうして一行を吟味するほうが、**言葉に対する感度は格段に鋭くなります**。だから、「考えるための読書」をする子は、作文力が伸びるのです。

3　自己表現がうまい子は「自信が芽生えてくる」

「作文がうまい」と「自信を持って自分を語れる」

作文がうまい子は、自分に自信のある子です。と言うより、自分に自信があればこそ、作文がうまくなる、と言ったほうがいいかもしれません。

自信のある子は、物怖じせずに書けるからです。先生が好みそうな「いい作文」におもねらず、**自分だけの表現を、紙の上に繰り広げることができる**ということです。

これまで、子どもの頭は作文力で決まる、というテーマで、作文がうまくなるコツや、作文のうまい子の特徴についてお話ししてきました。

しかし、じつは私自身、生徒たちに「うまい文章を書けるようになってほしい」と思ったことはありません。

子どもの能力を伸ばすために一番大事なのは、「**自信を持って、自分を語れるようになる**」こと。自信が自由な発想や表現を生み出し、その結果として、作文がうまくなるのです。

「自分を語る」というのは、自分が思ったことを思ったように書く、ということです。これがじつは、なかなかむずかしいことなのです。

今の世の中、教育の現場ではとくに、何事においても「じょうずにやれ」「うまくなれ」などと、巧妙さを求めすぎているように感じます。

作文も同様です。

お手本があって、それを見ながら書けば作文がじょうずになる。

コツがあって、それにしたがって書けば作文がうまくなる。

この本をお読みの親御さんたちも、それを期待してこの本を手に取ってくださったのではありませんか。

もちろん、作文の技術を教えることができないわけではありません。

これまでいくつかコツをご紹介してきたとおり、たしかに、より人に伝わりやすい書き方、印象に残りやすい書き方、人に評価されやすい書き方というものはあります。

でも、だからと言って誤解していただきたくないのは、**そうした技術さえ磨けばいいわけではない**、ということです。

もちろん、いい文章をお手本にして練習をするという姿勢は間違っていません。子どもの作文力を伸ばすために親が努力するのは、立派なことです。そのために、これまでご紹介してきたテクニックを子どもに教えてあげるのもいいでしょう。

ただし、それがすべてではないのです。

何より「自信」という基盤がなければ、どんなテクニックも、どんなコツも、子どもの作文力を上げ、能力を伸ばすのに役立ちません。

「今日の空は緑色」――「書く力がある子」はいろいろ見えてくる

じつのところ、うまい作文に決まった「形」などありません。

人それぞれ顔かたちが違うように、うまい作文も人それぞれ違います。

自分が思ったことを思ったように書いた、そこに他人の評価の付け入る隙はありません。

「今日の空は緑色だね」

自分が、緑色だと思ったのであれば、そうなのです。

「何言ってるんだよ、今日の空は青色だろ」「おかしいんじゃないの？」

他人にどう言われようと、自分の目では緑色に見えたのなら、空は緑色なのです。

「今日の空は緑色である」と、自信を持って書けばいいのです。

客観的に見たらこうだ、とか、事実はこうである、なんてことを気にする必要はありません。

作文においては、自分がこうだよ、こう思ったよ、ということが真実なのです。

では、自信の源となるのは、何でしょうか。

それは、知恵です。知識ではありません、知恵なのです。

知識は、机の上の「読書」や「勉強」によって身につくものです。

一方、知恵は、体験によって培われます。

どんなにささいな体験であっても、それは自分のもの。自分が体験し、自分で思考し、それを血肉とする、これが知恵です。

何度も失敗を繰り返すとしても、体験から学ぼうとする気持ちがあれば、道は大きく開かれます。失敗することで、自分の本性や力を自覚し、実になる知恵を身につけていくことができるからです。

ですので、家庭でできることは、とにかく子どもには、たくさんの体験をさせること。そして、その体験をもとに思考させることです。

単に海や山に連れていけとか、海外に連れていけとか、そういったことではありません。もちろん、連れていってもいいのですが、大切なのは、体験をもとに考えさせていく、という作業です。

どんなささいな体験であっても、思考というフィルターを通すことによって、それは知恵に変わります。

たとえば、家の中にいても、ごく平凡な日常の中にあっても、いろいろなことを体験させることができます。

小学一年生のある子は、ネギとの出会いを作文に書いていました。ネギというと、ありふれた野菜であって、その日はじめて見た、あるいは食べたわけではないはずです。

ですが、その日、その子自身としては、はじめてネギとの出会いを「体験」したのです。

その子の作文には、「ネギの強いにおい」が驚きとともに描写されていました。

土のついたネギ、洗ったときの白い抜き身のようなつやが、感動とともに描写されていました。そして、台所は「野菜のにおいに囲まれている」と締めくくられていました。

この子は、「ネギ」というものを、自信を持って、自分自身の言葉で語れるようになっています。たかが「ネギ」でも、どういうものなのか自分の言葉で語れるようになったということは、それが立派な「知恵」として根づいたということなのです。

ですので、たとえば、子どもが台所にやってきて、「ネギって、くさいね」などと言ったとしたら、そのチャンスをとらえてネギをしっかり観察させること。

そんな小さな体験の積み重ねが、**知恵を育み、自信の源となる**のです。

ここで一つ、作文を紹介しましょう。小学二年生の作品ですが、自分の言葉で朝の景色から得た感動の体験を語っています。

あさつゆが「ポチャ」とはっぱにきらりんとおちました。

ずっとついていました。そのときは、がっくりしたほどきれい。まるで、ぎんのかたまりがはっぱにぽつりとおちたようでした。
ぼくはそれを見てもってかえりたいと思いました。

（後略）

すがすがしい朝の景色が、まるで目に見えるような文章ではないですか。この子どもが葉っぱに落ちた朝露の繊細な美しさに感動している様子が、非常によく伝わってきます。

朝露が葉っぱに落ちた——それを目にしたという体験が、「がっくりしたほどきれい」「もってかえりたいと思いました」といった、この子だけの表現でつづられています。

こうして自分が見たものを、自分の言葉で表現することで、**この小さな体験は、完全にこの子の中に蓄積されているはず**です。

「宇宙より大きなものは何だろう?」を考えてみよう

「世界で一番、大きなもの、何だ?」

私は、子どもたちによくこうした質問をします。

子どもたちは、口々に答えます。

「日本!」

「アメリカ!」

「地球!」

「宇宙!」

「じゃあ、宇宙より大きなものは?」

「……」

そこで私は、子どもの頭をなでてやり、

「世界で一番、大きなものは、君のここだよ」

と言うのです。

「宇宙より大きなものは何なんだろう」「宇宙のその先には何があるんだろう」と考えているのは頭なのですから、**宇宙よりも頭の中のほうが大きいのです**。

そう、思考のスクリーンこそが世界で一番、大きいのです。

それほどまでに大きいものを内包している自分自身に、もっと自信を持ってほしいと思います。


もちろん、ただ「自分に自信を持ちなさい」「わかった、自信を持つよ」というわけにいかないことは、百も承知しています。「自信を持て」と言われたくらいで自信を持てるようだったら、人間、誰も苦労などしません。

ですから、子どもに自信を持たせる言葉を、きちんと伝える。

それこそが、**子どもの能力を伸ばす最大の秘訣**なのです。

5章

「人の心をつかむ習慣」が子どもをグンと成長させる！

「じょうずに書く力」は「じょうずに生きる力」

1 作文力のある子は「人を動かす言葉」を持っている

「文章をまとめる力」がそのまま「人をまとめる力」になる

作文がうまい子は、**人をまとめ、動かすことができます**。

と言っても、やたらと意見を主張して、自分の思いどおりに人を操るということではありません。

「自分の意見を持ちなさい」「自分の意見を言いなさい」ということが、やたらともてはやされている時代です。小学校でも、総合学習という名のもとにしばしば「話し合い」の場が設けられ、自分の意見を言うことが半ば強制されているようです。

でも、ここで改めて考えてみてください。「意見を持つ」「意見を言う」とは、いったいどういうことなのでしょうか。

自分の意見が言えるということ――。それは、単に「自分の思いや考えを人の前で口にすることができる」ということではありません。

まだ小さな子どもなら、それだけで「エライ、エライ」「よく言えたね」と頭をなでてあげてもいいでしょう。

しかし、少なくとも作文が書ける年齢になったら、それは別にほめられるべきことではありません。

「ぼくはこう思う」「私はこう考える」ということをただ主張するのは、はっきりいって誰にだってできることだからです。多少の図々しさがあれば、単なる「自己主張」は、ある意味、簡単なことです。

自分の意見を言うことの真の意義は、それによって、何かしらの効果を生み出すことにあると私は考えます。たとえば――

相手の目を開かせる。

二人の関係を変える。

事態を動かす。

こんなふうに、**何かを述べることによって、その場にプラスの変化を生み出す**ことが、自分の意見を言うことの真の意義であると思うのです。

ですから、意見というのは必ずしも「自分の思いや考え」である必要はありません。

たとえば、会議が行きづまっているときに、

「みなさんのお話を整理してみたのですが」

「お話がいろいろな方向に向かっているようですが、ここで大事なのは、この問題ではなかったでしょうか」

などと、会議の方向性をあるべきほうへ持っていく役目を担うことも、十分に自分の意見を述べることになるのです。

こうして考えていくと、自分の意見を持つ、自分の意見を言うということは、じつはかなりハードルの高いことです。

その場の空気や相手の気持ちを「読解する力」と、事態をより良い方向へ転換させていく「構成力」が必要となります。

この二つをあわせ持つのが、作文のうまい子なのです。**読解力と構成力は、作文のうまい子の真骨頂**と言ってもいいでしょう。

だから、作文のうまい子は、人をまとめ、動かすことができるのです。

2　作文力のある子は「人生の誤字・脱字」も少ない

文章校正力――「人生の間違いにいち早く気づく」力

今、この本を読んでいらっしゃる親御さんたちにとって、**子どもが社会人になる**のはまだ先の話でしょう。

そのため、まずは学校の成績がどうかということで頭がいっぱいで、将来、仕事ができるかどうかということまでは、とうてい考えが及ばない状態なのかもしれません。

「そんなことより、まずは勉強よ」

「勉強ができるようになれば、いずれ道は開けるはずよ」

そんなふうに思っている親御さんは、多いのではないでしょうか。

しかし、これは大きな思い違いと言わざるを得ません。

なぜならば、勉強ができる＝成績が良いに越したことはないけれども、この場合の勉強――つまり、成績で測れる種類の勉強――は、子どもの人生に絶対に必要なもの、とは言いきれないからです。

勉強は、子どもが将来、より希望に沿った仕事に就き、より良い形で仕事を進め、より社会の役に立っていくうえで助けとなる、一つの手段に過ぎません。

どんなに良い成績を取り、一流大学を出たとしても、たとえ超一流企業に就職できたとしても、**肝心なのはその先**です。

実際、高学歴だけれども仕事のできない人間というのは、山ほどいます。彼らは大した成果も出せず、ましてリストラや会社の倒産といった憂き目にあった後で再びチャンスを得るのは、至難の業です。

こうしたシビアな現実は、この本をお読みの親御さんたちこそ、よくご存じだと思います。

だとすれば、目先の成績よりずっと先を見て、今から子どもを「仕事ができる人間」に育てていったほうが、ずっと子どもの将来のためになるとは思いませんか？

それでは、ここで言う「仕事ができる」というのはどういうことか。

仕事ができるとは、社会であれ、顧客であれ、上司であれ、相手が求めているものを的確に察知できるということです。

そして、相手が求めているものに十分に応えられるということです。

さらに――これが一番重要かつ、一番むずかしいことなのですが――**自分で新たな課題を見つけ、それを克服していけること**です。

要するに、「言われたことだけやっていればいい」わけではないということです。

言われたことをきちん、きちんとやり遂げる。それだけでも社会人としてはなかなか立派ですが、それだけでは「仕事ができる人」とは言えません。

ここから自分の視点、考え方を発展させ、自分のやり方で仕事を進められる人――つまり自ら問題を発見し、解決していける人こそが、本当に「仕事のできる人」なのです。

作文のうまい子は、その読解力、構成力で現状を判断し、かつ自分なりの視点でテーマを見つけていくことができます。作文を書く中で、つねにその訓練をしているのです。

その意味で、作文を書くプロセスは、問題を発見するプロセスと言えるでしょう。

つまり、作文力を鍛えることで、自然に問題発見能力が鍛えられるということです。

まさに「作文力」は「仕事力」に直結していると言えるのです。

「じょうずに書く能力」＝「じょうずに生きる能力」の理由

作文を書くプロセスとは、問題を発見するプロセスであり、作文力は仕事力に直結する――つい先日、このことを奇しくも証明した出来事がありました。

私は長年、いくつもの企業の論文試験の採点および分析などを手がけています。

某大手金融関連企業では昇格試験の論文の採点にたずさわっているのですが、先日、そこの人事担当者から、相談の電話が入ったのです。

内容は、「ある人物から、『この論文試験を、受けても受けても昇進できない。自分としては、ある程度のレベルには達しているつもりだ。それなのに昇進できないのは、人事部は、最初から私を昇進させるつもりがないのではないか』との質問が入ったのだが、どうアドバイスすれば良いか」というものでした。

もちろん人事部には、この人物を昇進させずにおこうという考えはありません。単純に、論文試験の点数が悪かったから昇進させていないだけです。


それでは、本人が「ある程度は書けているはず」という論文とは、どういうものだったのでしょうか。

まずは、その人物が書いたこれまでの論文を読んでみました。

テーマは、「現場における当面の課題と克服の方法について述べよ」。

たしかに文章としてはかなり立派で、うまくまとまってはいました。

これを「うまい」と感じる人も、少なくないかもしれません。書いた本人が自信を持って提出したのも、よくわかります。

でも、私にとっては、じつは「これは、五十点台でも甘いな」と感じるものでした。なぜなら、その論文は、会社が求めている方針をそのまま踏襲したものであり、使っている言葉も「情報の共有」や「コミュニケーションの必要性」など、**よくある言葉を多用しているだけ**だったからです。

要するに、「この程度のことなら、誰にでも言える」という内容だったために、「五十点台でも甘い」と感じてしまったのです。

社会とは、会社とは、仕事とは、一般論だけでやっていける場ではありません。一般論は重々わかったうえで、どうやって、それぞれの異なる事情に対応するか、直面している障壁を乗り越えるか――そういった「提言性」があってこそ、本当の意味で役に立つ「実務論文」と言えるのです。

くだんの人物は、文章をまとめる能力はすぐれていましたが、論文には、その人なりの問題提起や提案が、いっさいありませんでした。昇進を望むのならば、まず会社の求める方針を批判的に見る目を養い、問題を提起する力を鍛える必要があります。

そこで私は、アドバイスとして次のように伝えました。

「徹底して現状分析をさせて、何のために生きているか、何のために働いているか、哲学や理念を考えてみてもらったらいかがですか。そのために、会社の中にその種の会話ができる環境をつくることも必要でしょうね」

人事担当者は、「なるほど」となっていました。

うまい文章、よくまとまった文章というのは、すこし器用な人なら意外と簡単に書けます。

でも、一番重要なのは、自分自身の視点や考え方が含まれているかどうか。**文章を通じて、何かしら問題を提起したり、主張したりすることこそ、大切なのです。**

これが、仕事のできる人、できない人の分かれ目です。

子どもの作文力を伸ばすというと、文章テクニックを磨くことと思われがちですが、私は子どもたちに、そんな小手先のワザを教えているつもりはありません。

教室に来ているお母さんに、こう言われたことがあります。

「ここは作文の書き方を教えてくれるところだけれども、それだけではない。書くことを通じて、生きることを考える機会を、子どもに与えてくれるところだと思います」

ここまで言われると、いささか気恥ずかしい気もしますが、これこそ私の真意です。**書くことを通じて、生きることを考える**。

大げさに思われるかもしれませんが、そこから、今の自分や社会に対する「問題意識」が生まれます。そして「問題意識」があってこそ、独自の見方、考え方が生まれ、既存の価値観を批判的に見る目、問題を提起する力が養われるのです。

ですから、お父さん、お母さんにも、ぜひ、子どもに「書くことを通じて生きることを考える機会」を与えてほしいと思います。

何も特別なことをしなければいけないわけではありません。子どもと向き合い、子どもが言うことに関心を示すこと、そのすべてにアンテナを張って、子どもといっしょに考えながら、作文を書かせていればいいのです。

3 作文力のある子は「心の言葉」をたくさん知っている

「子どもの心」は作文力でどんどん大きくなる！

作文のうまい子は、思いやりがあります。

そして、人に対して優しく接することができます。

子育てで何を大事にしているかと問われたら、「心だ。心の優しさを育てることだ」と答える親御さんは多いでしょう。

勉強も大事、スポーツもできるに越したことはない。リーダーシップもあったほうがいい。

それでも、**一番大事なものは何か**と問われたら「心だ」と、たいていの親御さんは考えていらっしゃることと思います。

日常的には、「勉強しろ、勉強しろ」とばかり言ってしまうのかもしれませんが、それでも「学力か、心か」と究極の選択を迫られれば、それはもちろん「心」なのではないでしょうか。

作文のうまい子は、その「心」がじつに豊かなのです。

なぜか。それは、**作文を書くという行為を通して、心を表わす言葉をたくさん獲得している**からです

最近の子どもの作文を見ていて、今どきの子どもは心を表わす言葉を知らないな、と感じています。

「楽しい」「うれしい」「つまらない」といった単純な感想を述べることはあっても、それ以上の微妙な心の状態を表わす言葉を使う子はほとんど見かけません。

たとえば、子どもに「**心を表わす言葉って、いくつ知っている?**」と聞いてみたとしたら、はたしてどれだけ答えられるか。おそらく、十個も言える子どもは少ないのではないでしょうか。

しかし、「心」というものが十だけのはずがありません。

「楽しい」「つまらない」――そんな単純な言葉で、しかも、たったひと言で表わせるものでもありません。

「心」とは、「楽しいが何パーセントで、つまらないが何パーセントで……」というように混合的なものですし、あるいはもっと別の言葉をたくさん使わなくては表わせないものです。

前にも触れましたが、少年事件を起こす少年のほとんどは、表現と理解の問題を抱えています。

思ったことがうまく表現できないという苦しさ。そのため、思ったことが相手に伝わらないという苦しさ。そこから、感情が激化する、行動が極端になる、荒れる、あきらめる、といった状況に陥ってしまうのです。

子どもにとって、いや人間にとって、いかに「心」を表現するということが大切か、ということです。

もちろん、どんなに言葉を尽くしても語りきれないのが「心」なのですが、それでもできる限りの言葉を使って表わさざるを得ないとしたら、どうでしょう。いろいろな形容詞をつけてみたり、比喩を使ってみたりして、自分の「心」をあらゆる角度から探りながら、表現を工夫していくしかありません。作文を書く訓練をするということは、イコール自分の心を見つめる訓練をするということです。

ですから、作文のうまい子は、心が豊かになるのです。

そして、その心の豊かさゆえに、**自分の内面を見つめるだけでなく、人の心をおしはかることも、じょうず**になります。

人のちょっとした表情を見逃さず、ちょっとした指の動きを見逃さず、「ああ、この人は今、喜んでいるんだな」「この人はちょっと不安なんだな」。そういったことが、とてもよく読み取れる人になります。

「人の気持ちを考えなさい！」

子どもによく言う言葉ではありませんか。

でも、人の気持ちを考えることは、じつは、そう簡単ではないのです。

やろうと思っても、一朝一夕でできるものではない。それにも訓練が必要なのです。

作文を書くことこそが、その訓練になります。

ですから、作文のうまい子は、人の気持ちがよくわかる、優しい子に育つのです。

作文のうまい子は、心を見つめる目を持っている——。

だからこそ、私は今この時代こそ、親も学校も、作文力を育てることを重視してほしいと切に思っているのです。

参考文献

『二十歳の原点』高野悦子　新潮社　一九八四年
『変身』フランツ・カフカ　高橋義孝（訳）一九五二年
『宮沢賢治童話全集　２（新版）』岩崎書店　一九七九年
『漱石全集　第一巻』岩波書店　一九九四年

本書は、本文庫のために書き下ろされたものです。

宮川俊彦（みやがわ・としひこ）
一九五四年、長野県生まれ。国語作文教育研究所所長。三十五年にわたり青少年の作文・表現指導に携わっている。表層的な指導ではなく、個人の内面にまで分け入って表現を引き出す指導方法は、多くの青少年、およびその父母から強く支持されてきた。さらには四百を超す大手企業・自治体へも論作文分析・指導に赴き、人材不況・教育不在の今日、言語政策・国語政策を軸に、人事政策支援など積極的な教育顧問活動を推進している。主な著書に『家庭でできる10分作文』（小学館）『とっちゃまんの読書感想文書き方ブック』（ディスカヴァー・トゥエンティワン）『小学生のための考える力をぐんぐん伸ばす本』（PHP研究所）などがある。

知的生きかた文庫

子どもの頭《あたま》は「作文力《さくぶんりょく》」で決《き》まる！

著者　宮川俊彦《みやがわとしひこ》
発行者　押鐘太陽
発行所　株式会社三笠書房
郵便番号一〇二-〇〇七二
東京都千代田区飯田橋三-三-一
電話〇三-五二二六-五七三四〈営業部〉
〇三-五二二六-五七三一〈編集部〉
http://www.mikasashobo.co.jp
印刷　誠宏印刷
製本　若林製本工場

ISBN978-4-8379-7828-2 C0137

「知的生きかた文庫」の刊行にあたって

「人生、いかに生きるか」は、われわれにとって永遠の命題である。自分を大切にし、人間らしく生きよう、生きがいのある一生をおくろうとする者が、必ず心をくだく問題である。

小社はこれまで、古今東西の人生哲学の名著を数多く発掘、出版し、幸いにして好評を博してきた。創立以来五十余年の星霜を重ねることができたのも、一に読者の私どもへの厚い支援のたまものである。

このような無量の声援に対し、いよいよ出版人としての責務と使命を痛感し、さらに多くの読者の要望と期待にこたえられるよう、ここに「知的生きかた文庫」の発刊を決意するに至った。

わが国は自由主義国第二位の大国となり、経済の繁栄を謳歌する一方で、生活・文化は安易に流れる風潮にある。いま、個人の生きかた、生きかたの質が鋭く問われ、また真の生涯教育が大きく叫ばれるゆえんである。

そしてまさに、良識ある読者に励まされて生まれた「知的生きかた文庫」こそ、この時代の要求を全うできるものと自負する。

本文庫は、読者の教養・知的成長に資するとともに、ビジネスや日常生活の現場で自己実現できるよう、手助けするものである。そして、そのためのゆたかな情報と資料を提供し、読者とともに考え、現在から未来を生きる勇気・自信を培おうとするものである。また、日々の暮らしに添える一服の清涼剤として、読書本来の楽しみを充分に味わっていただけるものも用意した。

良心的な企画・編集を第一に、本文庫を読者とともにあたたかく、また厳しく育ててゆきたいと思う。そして、これからを真剣に生きる人々の心の殿堂として発展、大成することを期したい。

一九八四年十月一日

押鐘冨士雄

C50030